고 싶은 것들만 보며 살고 있겠죠?

과제를 해낸 후의 성취감은 이루 말할 수 없었습니다. 스스로가 기특하기 그지없었습니다.

스포츠 빼고는 문외한인 제가 시사, 정치, 문화에 관심을 갖게 될 줄은 몰랐습니다.

기본 지식이 없는 저에게는 벅차고 힘든 수업내용이었지만, 삶의 동기부여가 되는 강의였습니다!

대학이 단지 학점이라는 스펙을 쌓는 곳이 아니라, 학생들이 창의적인 활동을 할 수 있는 공간임을 상기시켜주셨습니다.

수강 신청 기간에 이 수업을 듣기 위해 초까지 재가며 엄청나게 광속 클릭을 했던 게 생각나요ㅋㅋ

첫날부터 제 이름을 기억하고 불러주시는 모습에 수강 취소하려던 마음을 접었습니다♡♡♡

요즘에 취직 때문에 많이 힘들지만 이 수업을 듣고 '진로'의 의미를 다시 생각하게 되었습니다.

부모가 자식을 대하듯 때로는 따뜻하고 때로는 독했습니다. 그래서 선배들이 '아빠, 아버지'라고 교수님을 부르나봐요.

혹시라도 결석하는 친구들이 있거나 연락이 안 되는 학생이 있을 때 진심으로 학생들을 걱정해 주시는 모습, 감동이었습니다.

학생들에 대한 애정이 있었기에, 저희 모두 한 명의 낙오자 없이 여기까지 올

수 있었습니다.

과제가 많고 공부해야 할 것이 많은 수업임에도 불구하고 많은 조언과 피드백 덕분에 지치지 않고 즐길 수 있었습니다.

○○은행에 합격했습니다. 면접관의 시사질문을 받고 그간 배웠던 것, 느꼈던 것을 말했을 뿐인데 그들의 표정이 달라지더라고요.

K대학교 국제대학원에 합격했습니다. 다른 지원자들에 비해 스펙은 떨어졌지만 논술에서 좋은 점수를 얻었습니다.

매일 신문을 읽자는 목표를 세웠는데 이 수업을 계기로 목표도 달성하고 인생의 좋은 습관도 기를 수 있었습니다.

* 그간 학생들로부터 받은 2000여 통의 손편지 중 지면의 제약상 36통을 발췌·수록하였습니다.

곽은진 권오윤 김민정 김슬기 김유림 김재선 김정원 박규량 서솔 석주영 성지영 신수범 신원길 신혜진 안나형 오새롬 오지현 윤기쁨 이솔 이예진 이주연 이지은 이하림 이해영 이현아 이혜원 임언주 장연진 정다은 정희원 제갈청 조연수 주재은 주하나 한소라 한예지(이상 36명)

‘과제물=매주 사설 읽고 쓰기’라고 했을 때의 당혹감이란o_o. 하지만 몇 주 후 ‘진작 해볼 걸.’이라는 생각이 들었습니다.

잊고 살았던 가치에 대해, 앞으로 어떻게 살아가야 할 지에 대해 진지하게 고민해 보았습니다. 다시 심장이 뜨거워지는 시간이었습니다.

졸업을 앞두고 이 수업을 듣게 되다니 정말 아쉬워요ㅠㅠ. 지루했던 뉴스가 이제는 친근해지고 재밌어졌답니다.

학기 초에 써본 자기소개서가 많은 도움을 주었습니다. 다시 한 번 나의 목표를 점검하면서 동기부여가 되었답니다.

과제물 스트레스가 녹록치 않았으나 돌이켜보면 커다란 자산을 쌓았습니다. ‘이게 공부구나!’

다른 학생들의 과제물 발표를 들으며 많은 것을 보고, 배우고, 또 느꼈습니다. 친구들 말처럼 진지하고 성숙해졌다고 할까요?!

매주 글쓰기를 통해 나의 시각을 스스로 깨닫고 다듬는 시간을 갖게 되어 무척 유익했습니다.

주체적인 대학생이 된 것은 물론 스스로 문제/주제에 대한 해결책을 모색하기 시작했습니다. 이게 다 반년의 수업결과라니!!

이 수업을 듣고 나서 아버지와의 공통 화제가 생기면서 부쩍 가까워졌어요.

‘내가 이런 생각까지 할 수 있는 사람이었구나.’ 내 자신에게 많이 놀랐습니다.

가장 큰 수확은 생각하는 힘을 얻게 된 것입니다.

매주 A4 1장짜리 사설을 쓰는데 왜 그렇게 부담되고 숨가쁘던지... 그렇지만 과제물을 인정받았을 때의 그 쾌감이란! ㅎㅎ

수업 첫날 '아, 망했다. 도망가고 싶다'라고 생각했어요. 지금은 어떠냐고요? 능동적으로 뉴스 기사를 찾아보는 내 모습이 뿌듯해요.

16주간의 시사 리스트는 피가 되고 살이 되었어요. 지식을 누리는 자의 기쁨이랄까^^*

대학교 수업다운 수업이었습니다. 시간과 돈이 아깝지 않은 시간이었어요.

성적보다는 사람이 기억에 남는 이색적인 수업이었습니다.

처음에는 조잡했던 글이 시간이 흐르면서 서론, 본론, 결론의 뼈대를 갖추게 되었습니다.

'학점 잘 주는 꿀 강의를 내버려두고 왜 지옥 수업을 선택했냐'며 친구들이 구박을 했습니다. 하지만 후회하지 않습니다.

20대 때 경험해야 하는 가치를 알게 된 시간입니다. 제 인생 수업은 계속될 거에요~. 강의는 끝날지라도(To be continued)!

신입생 글이 저보다 낫더군요. '나만 왜 이러나...' 좌절도 했는데, 이것이 자극제가 되어서 더 열심히 했던 것 같아요.

세월호 사건으로 과제물을 할 때였어요. '과제물이다 생각하지 말고 진심으로 애도하는 마음으로 너의 진정성을 담아 진실들을 적어라'라며 엄마가 조언해 주셨어요.

다양한 신문 기사를 접하고 다양한 학생들의 의견을 듣는 시간이 없었다면 보

미친 교수의
헬수업

미친 교수의

헬 수업

박성태 지음

가디언

젊을 때의 오류는 매우 좋은 일이다.

다만, 그것을 노인이 되기까지 끌어서는 안 된다.

- 괴테

세상에 평범한 것은 없다,
너도 그렇다

특별함의 발견

우리는 누구나 자신의 삶이 편안하기를 원한다. '편안'이란 무엇일까? 수업 시간에 학생들에게 물어보면 대개 이렇게 말한다.

"평범한 부모 만나 큰 고생하지 않고 자라서 1등은 아니더라도 상위권 성적 유지하다가 대학 졸업하는 거예요. 그리고 욕심 부리지 않고 안정적인 직업으로 사회생활 시작해서 사랑하는 사람 만나서 아들 딸 낳고 살다가 죽는 거죠."

인간의 삶의 목적은 언제나 변한 적이 없다, 행복하기 위해. 그렇다면 지금보다 더 나은 삶을 살기 위해, 행복하기 위해 어떻게 살아야 하는가? 눈앞에 놓인 불안과 불행을 극복하기 위해 무엇을 해야 하는가?

결론부터 말하겠다. 우리에게 '편안'은 없다. '평범함'으로는 살아남기 어려운 것이 자연의 이치이자 세상의 이치이기 때문이다. 다른 사람은 평범해 보이는가? 들판에 핀 꽃, 유유히 헤엄치는 물고기가 평범하다고? 천만에, 세상에 평범한 것은 없다. 내가 이런 말을 학생들에게 한다면 그들은 대개 이런 반응을 보인다.

"그러면 모두 특별하다는 건가요?"

그렇다. 살아 있는 모든 것은 특별하다. 다시 말해 특별하지 않은 것은 살아남지 못했다. 이것은 나의 일방적인 주장이 아니다. 생물의 진화를 주장하고, 자연 선택에 의하여 새로운 종이 기원한다는 자연 선택설을 발표한 다윈이 한 말이다. 부처는 이것을 '천상천하유아독존天上天下唯我獨尊'이라고 했고, 예수는 "네가 태어나기 이전부터 하느님은 너를 특별하게 만드셨다"라고 했다.

우리 모두는 특별하다. 우리 스스로 그것을 몰랐을 뿐이다. 우리는 어릴 적부터 "나는 특별하므로, 특별하게 살고 싶다"라고 외치고 싶었을 것이다. 그러나 우리의 부모가, 우리의 학교가, 우리 사회가 이런 노력을 '이상한 놈', '말 안 듣는 놈', '유별난 놈'으로 치부하면서 우리를 옴짝달싹 못하게 만들었는지 모른다.

이제부터 나는 특별함을 감추고 살게 된 당신이 진짜로 특별해지도록 만들 생각이다. 그러려면 무엇을 해야 하는가? 우선 자신의 특별함을 발견해야 한다.

일반적으로 자신의 특별함은 눈에 잘 띄지 않는다. 그것은 앞서 말한 것처럼 우리의 부모와 학교, 사회가 그것을 드러내도록 허락하지 않았기 때문이다. 하지만 누구나 자신만의 특별함을 지니고 있다. 다만 스스로의 가치를 과소평가하고 있을 뿐이다. 나는 당신의 가치를 겉으로 드러나게 할 것이다. 그러려면 힘들고 수고스럽다. 가만히 때가 오기를 기다려서는 안 된다.

재차 강조하지만 나는 당신이 특별해지도록 만들 것이다. 성공 여부는 장담할 수 없지만, 그렇게 만들고 싶다. 분명한 것은, 그 성공 여부는 전적으로 당신에게 달려 있다는 것이다. 물을 먹이기 위해 억지로 말을 물가로 끌고 갈 수 없다. 나는 말을 달리게 해서 스스로 물을 마시게 할 수는 있다.

당신도 말처럼 인생의 너른 들판을 달리고 싶을 것이다. 이따금 가족을 부모를 친구를 태우고, 때로는 혼자서 마음껏 달리고 싶을 것이다. 그렇다면 3P를 가슴에 새겨둘 필요가 있다.

우리가 자신의 특별함을 발견하고 성공하기 위해서는 3P가 필요하다고 한다. Picture, Pray, Practice가 그것이다. 그림을 그려라. 그림을 그렸다면 간절하게 기도하라. 마지막으로 희망과 간절함이 이뤄지도록 훈련하라.

예를 들어보자. 신년이 되면 많은 사람들이 술이나 담배를 끊겠다고 다짐한다. 대개 첫날은 술이나 담배를 끊을 수 있다는 기대감으로 그림을 그린다. 둘째 날에는 그림대로 실천하기 위해 마음을 다잡는다. 그런데 사흘만 지나면 애초에 그린 그림과 달리 술자리에서 잔을 부딪치고 있다. 스트레스를 푸는 데 이것을 따를 게 없다며 손에 담배를 들고 있다. 이것은 Practice를 하지 않은 것이다.

나는 이 책에서 나의 수업을 들었던 학생들이 3P를 통해 특별함을 발견하는 과정을 고스란히 보여주고자 한다.

우선 1장(Picture)은 그림을 그리기 전에 해야 할 것들을 다룬다. 그림을 그리기 전에 도구들을 준비하고 무엇을 그릴지 생각한다. 꿈을 꾸고 희망을 가지며 기대감을 가지는 단계다.

당신이 바라는 인생을 도화지에 표현하려면, 우리는 자신이 누구인지를 알아야 한다. 자아성찰을 통해 나는 무엇을 잘하고 좋아하는 사람인지를 알아야 한다. 그 다음에는 바깥세상에 눈을 돌려야 한다. 나 아닌 다른 사람들, 그들이 사는 세상이 어떠한지 알아야 그들과 더불어 살아가는 나의 미래와 목표를 설정할 수 있다.

2장(Pray)은 1장에서 했던 생각들을 종이 위에 밑그림으로 그릴 차례다. 당신이 정한 목표에 맞추어 밑그림이 잘 그려질 수 있도록 간절히 소망하며 그림의 완성을 다짐하는 단계다.

3장과 4장(Pre-Practice)은 당신이 원하는 그림을 완성할 수 있도록 사전연습을 하는 과정이다. 예전에는 무엇을 그릴지 몰라 좀비처럼 온몸을 시간에 맡긴 채 어슬렁거렸을 것이다. 밑그림을 그리는 도중에 마음에 들지 않아서 그리다 말았을 수도 있다. 이유를 막론하고 나는 사전연습을 통해 당신이 밑그림을 완성하도록 돕겠다.

이미 밑그림을 그린 경우라면 앞으로 맞닥뜨리게 될 문제들이 무엇인지 알아볼 수 있을 것이다. 이것은 복잡하거나 어렵지 않다. 이것을 할 시간만 만들면 된다. 내 수업을 들은 학생들은 그 효과를 보고 있다. 이 훈련을 잘 익히면 당신의 인생을 위한, 성공을 위한 더 큰 실천(Practice)을 할 수 있다.

3장과 4장에는 매 강의마다 시사 이슈 리스트가 있다. 이것은 조·중·동·경향·한겨레를 중심으로 한 일간지의 주요 사설을 정리한 것이다. 이 리스트들은 내가 대학에서 실제 강의하는 내용들로, 2015년 대기업 신입사원 시험 및 면접, 행시 등 국가공무원 시험, 주요 언론사 시험에 거의 100% 출제됐다. 대입 논술 준비에도 활용할 수 있다.

5장(Practice)은 마지막 실천 단계다. 당신이 그린 그림에 채색을 할 차례다. 실천을 하다 보면 그림들마다 어떤 색을 입히면 좋을지, 그 색들이 서로 조화를 이루는지 알 수 있을 것이다. 조급해하지 않아도 된다.

당신의 아프고 구멍 난 가슴을 메우고 다시 그림을 그리고 싶은가? 내일은 아프지 않게 자신의 인생을 살고 싶은가? 우리 모두는 충분히 그럴 수 있다. 그럴 자격도 있다. 우리는 특별하므로.

끝으로 이 책의 출간을 선뜻 동의해주신 가디언과 원고를 꼼꼼하게 정리해준 편집팀에 감사함을 전한다. 또 두 외손주들 돌보느라 정신없으면서도 틈틈이 격려해준 아내 혜경, 원고 타자를 도와준 딸 희진, 그리고 은혜롭게 출간이 마무리되도록 좋은 말씀과 더불어 기도해주신 안양감리교회 임용택 목사님께도 감사의 인사를 올린다.

차례

1장

Picture

오리엔테이션

나는
누구인가?

당신은 내 질문에 자신 있게 대답할 수 있는가?

"나는 누구인가?"

"무엇을 하고 싶은가?"

"왜 사는가?"

옛날 유행했던 노래 중에 이런 가사가 있다.

"내가 나를 모르는데 넌들 나를 알겠느냐."

또 이런 노랫말도 있다.

"내 마음 나도 몰라. 갈 길을 잃어."

우리는 스스로에게 질문해보는 시간이 필요하다. 당신의 일상이 지겹고 무의미하게 느껴지는가? 어떤 일을 하든 억지로 하는가? 휴일에도 멍하니 천장만 바라보고 있는가? 그렇다면 당신은 삶에서 의미를 찾지 못하고 있다. 당신이 원하거나 필요해서 하는 일이 아니기 때문에 어떠한 것에도 흥미를 가지지 못하는 것이다. 의미 있는 삶이란 '자기'가 있는 삶을 말한다. 만약 이 질문들에 대답할 수 있다면 의미 있는 삶을 꾸려나갈 수 있다.

2016년 2월 《조선일보》에 〈1.7평 독방에서 나를 만나다〉라는 기사가 실렸다. 담당기자는 강원도 홍천수련원에서 5박 6일간 '나 홀로 수행'을 체험했다. 그의 군청색 수련복은 죄수복 같았다. 11개의 숫자와 문자가 결합된 이름표가 옷의 왼쪽 가슴에 달려 있었기 때문이다. 그는 사방이 온통 하얗고 창문이 하나뿐인 방에 제 발로 들어갔다. 21시간 동안 혼자 지내며 휴대폰은 물론 책도 없이 불가의 무문관無門關 수행을 했다. 무문관이란 출가한 스님이 절 방에 홀로 들어가 문을 걸어 잠그는 것을 말한다. 그곳에서 동안거나 하안거 또는 수년간 수도한다.

체험자들은 오전 6시에 일어나 108배로 하루를 시작한다. 식사는 하루 두 끼를 방에서 해결하며 오로지 수행만 한다. 단지 원하는 사람만 하루 2시간 참선 강의를 듣기 위해 방 밖으로 나올 수 있다.

기자뿐만 아니라 체험을 하는 사람은 8명이 더 있었다. 이들 중에는 대기업 임원 출신도 있었다. 기자는 그에게 왜 이런 고생을 자처하는지 물었다. 그의 대답은 이러했다.

"차분히 내가 어떤 놈인지 알아보고 싶었습니다."

그는 지난해에 대기업을 퇴직한 후 정신없이 일만 했던 자신을 돌아보고자 여행을 떠났다고 한다. 하지만 아무리 돌아다녀도 그의 답답한 속은 풀리지 않았다. 그는 우연히 인터넷에 뜬 문무관 수행 프로그램 모집 공고를 보고 여행을 접었다. 그는 귀국한 지 사흘 만에 이 고독하고 외로운 공간 속으로 들어갔다.

아직도 답이 떠오르지 않는가? 그렇다면 종이와 펜 하나를 준비한다. 자기소개서를 쓰는 것이다.

나는 내 수업을 듣는 학생들에게 '의무적으로' 자기소개서를 쓰라는 과제를 내준다. 그리고 그동안 써왔던 것들은 잊어버리라고 당부한다. 자기소개서 제목은 자신을 한마디로 표현할 수 있는 것, 폰트는 10, 분량은 A4용지 한 장으로 정해준다. '나는 김개똥 씨와 박말녀 씨 사이에 2남 1녀 중 장녀로 태어나… 시냇물 졸졸 흐르는 시골에서 태어나…'와 같은 형식적인 것은 받지 않겠다고 엄포도 놓는다.

진짜 내가 누구인지, 나는 무엇을 위해 사는 사람인지, 앞으로 무엇을 하고 살 것인지 일주일 내내 생각하기를 바란다. 간혹 베껴오는 학생들도 있다. 자신의 진솔한 현재의 모습과 미래의 모습을 그려보자는 데 남의 것을 베껴오는 사람은 멋진 인생을 꿈꿀 자격이 없다.

사실 "나는 누구인가?"라는 물음에 망설임 없이 답할 수 있는 사람은 흔치 않다. 《하버드에서 화계사까지》를 쓴 현각 스님은 어느 날 한 기자의 질문을 받았다.

"왜 하버드 출신이 스님이 되었습니까?"

현각 스님은 미국인이다. 예일 대학에서 서양철학과 영문학을 전공한 뒤, 하버드 대학교 대학원에서 비종교학 석사 학위를 받았다. 그는 왜 스님이 되었을까?

그는 스승이 던진 'WHO ARE YOU?'라는 질문에 답을 할 수 없었다고 한다. 그는 자신을 찾기 위해 스님이 되기로 한 것이다. 우리가 현각 스님처럼 '진정한 자아'를 찾기 위해 심오한 경지에 이를 필요는 없다.

단, 누군가에게 '나'에 대해 말할 수 있을 정도는 되어야 한다. 남의 삶을 대신 살아주는 게 아니라 내 삶을 살기 때문이다.

　나는 이 책의 제목에서 스스로를 '미친 교수'라고 칭했다. 나의 지난 삶이 보통 사람들의 시각으로 보면 거의 미친 사람처럼, 스스로 혹사시킬 정도로 내 목표를 위해, 내가 하고자 하는 일에 매달렸기 때문이다. 내 동년배들이 그렇듯이 나 또한 어려운 환경에서 대학 졸업은 물론 박사학위까지 취득했고, 기자를 거쳐 신문사 사장에, 겸임교수까지 하고 그것도 모자라 2015년에 대학 3학년생으로 편입까지 했다. 학생들 강의를 위해 매주 시사 리스트를 정리하고 과제물 첨삭을 위해 매주 토요일은 물론 일요일까지 반납하며 지옥 수업을 강행하고 있다. 그래서 주변에서 '진정한 후학양성'을 외치는, 강의에 채점에 미친 교수라고 부른다.

생생한 이미지 능력,
미래기억

누구나 미래에 대해 생각해본 적이 있을 것이다. 그 생각들을 한마디로 정리하면 '절망적'인가? '희망적'인가?

덴마크의 철학자 키르케고르Kierkegaard는 자신의 책에서 "절망은 죽음에 이르는 병"이라고 밝혔다. 희망이 없다는 것, 앞날이 없다는 것, 기대할 것이 없다는 것은 사람을 절망으로 몰고 간다. 우리의 대학생들, 청년들을 보면 너무나도 가슴이 아프다. '3포 세대'도 모자라 'N포 세대'가 되어버린 우리 청년들, 무엇이 그들로 하여금 모든 것을 포기하게 만들었는가?

요즘은 신인류 백세시대라고 한다. 건강만 유지한다면 100세 이상 산다는 것이다. 현재 20대 청년들은 120세까지 살 수 있을 것이라고 한다. 나이 60이 다 된 나는 남은 30년에 대한 고민으로 이따금 밤잠을 설친다.

일본 와세다 대학을 졸업한 변화심리학자 이케다 타카마사池田貴將는 《미래기억》에서 인간은 세 가지 기억을 갖고 산다고 말했다. 과거의 기억과 현재의 기억, 미래의 기억이 그것이다. 사실 표현만 놓고 보면, 미래의 기억은 매우 역설적이다. 기억은 과거의 것을 지금 떠올리는 것인데, 앞으로 일어날 일이자 현재에 일어나지 않은 일을 기억한다는 것은 앞뒤가 맞지 않다.

이케다 타카마사가 말하는 미래기억이란, 어떤 행동에 대한 미래의 이미지를 뜻한다. 어떤 사람들은 목표를 세운 지 사흘 만에 끝나는가 하면, 어떤 사람은 목표를 이루고 더 풍성한 삶을 살기 위해 또 다른 목표를 세운다. 이렇듯 사람마다 각기 다른 결과를 얻은 이유를 그는 미래기억 때문이라고 말한다. 미래기억을 갖고 살면 기억력과 집중력이 늘고 삶의 의욕과 활력이 풍성해진다고 한다.

이해를 돕기 위해 독서를 예로 들겠다. 독서가 이롭다는 것은 누구나 안다. 그렇다고 모든 사람들이 독서를 하는 것은 아니다. 과거의 기억이 좋지 않은 사람은 독서를 하기 어렵다. 과거에 한 주에 1권씩 연간 50권을 읽겠다고 계획을 세운 사람이 분주한 일상과 본인의 나태함 때문에 한두 권 겨우 읽었다고 하자. 이 사람은 '독서'를 떠올릴 때 과거에 실패한 부정적인 이미지를 기억하기 때문에 좀처럼 책을 가까이 하지 못한다.

이때 미래기억이 필요하다. 독서에 대한 장점을 확장해 책을 읽고 싶은 마음이 들게 하는 것이다. 예를 들면 성공한 사람들은 책을 많이 읽는다. 독서는 인간관계를 원활하게 해준다. 독서는 새로운 비즈니스 아이템의 소스가 된다. 독서를 잘하면 글쓰기가 향상되고 베스트셀러 작가도 될 수 있다. 수익금으로 가난한 학생에게 장학금도 줄 수 있다.

‘이 모든 것이 독서로 가능하다니.’

미래의 독서를 통해 우리에게 주어지는 유익함을 미리 기억하는 것이다. 이로써 독서하고 싶은 마음이 가득해진다고 한다. 이것이 미래기억이다. 미래에 대한 긍정적 이미지를 현실에서 상상하고 실천해나가는 것이다. 사람들의 미래기억이 건강할 때 현실의 삶이 풍성해질 수 있다.

지옥에는
희망이 없다

인간을 정의하는 표현에는 여러 가지가 있다. 제일 흔한 것이 지혜로운 인간을 뜻하는 '호모 사피엔스'다. 인간은 머리를 써서 스스로 진화할 수 있다는 의미다. 직립하는 인간이라는 뜻의 '호모 에렉투스'도 있다. 동물과 다르게 인간은 직립해서 걸어 다니면서 모든 것을 할 수 있는 좀 더 진화되고 발전된 존재라는 것이다.

'호모 에스페란스'는 희망하는 인간을 뜻한다. 인간은 살면서 죽음이라는 공포와 미래에 대한 불확실성을 느낀다. 건강과 일상과 실패를 염려하고 사후세계에 대한 두려움 속에 산다. 이것이 희망이 없는 인간은 살아 있으나 궁극적으로 살아 있다고 말할 수 없는 이유다.

"여기 들어오는 너희는 모두 희망을 영원히 버려라!"

중세시대 이탈리아 최고의 시인인 단테Dante는《신곡》〈지옥편〉에서 지옥을 이 한마디로 정리했다. '영원히 희망 없는 곳', 우리가 살면서 아무런 소망 없이 살아간다면 그것이 바로 지옥 같은 삶이다. 궁궐처럼 큰 집, 많은 물질, 풍성한 먹거리, 주변에 많은 사람들이 있을 지라도 마음에 기쁨이 없고 소망이 없으면 그곳이 지옥이다.

제2차 세계대전 때 미군 2만 명이 일본에 잡혀갔다. 전쟁이 끝나고 그들은 포로 신분에서 벗어날 수 있었다. 그러나 그들 중 상당수가 집으로 돌아갈 수 없었다. 고문이나 질병 등 여러 가지 이유로 이미 이 세상 사람이 아니었기 때문이다. 2만 명 가운데 40%나 되는 8000명이 사망한 것은 세상에 굉장한 충격을 안겨주었다.

많은 학자들은 이들의 죽음에 또 다른 이유가 있을 것으로 추정했다. 실제로 그들이 죽음을 피하지 못한 대부분의 이유가 '희망 없음' 때문이었다. 집으로 돌아갈 희망을 잃은 그들에게 오늘의 삶이 의미 있게 다가올 리가 없다. 절대로 포로 생활에서 벗어날 수 없다는 생각은 좌절을 불러왔고, 이러한 마음의 병이 육신의 병으로 이어져 죽음에 이르게 된 것이다.

누군가는 이렇게 말할 것이다.

"우리가 희망을 품어야 한다는 것도, 낙심하지 말아야 한다는 것도 잘 알아요. 하지만 생각대로 잘되지 않아요. 희망을 거부하는 사람이 누가 있겠어요. 희망하지 않는 것이 아니에요. '희망 품기'가 잘되지 않아서 그런 거라고요."

학업, 취업 등을 생각하면 막막하고 불안할 것이다. 장기 불황에 취업은 쉽지 않고, 물가는 계속 오르고, 졸업을 늦추자니 비싼 등록금에 엄두가 나지 않는다. 일어서는 것보다 주저 않는 게 더 속이 편할지도 모른다.

그래도 현실을 박차고 미래를 향해 나아갈 희망을 찾아나서야 한다.

제2차 세계대전 후 독일의 아우슈비츠에서 살아남은 사람들을 조사한 결과, 그들은 '희망'을 품고 있었다.

《죽음의 수용소》를 쓴 유대인 심리학자인 빅터 프랭클Viktor Frankl은 아우슈비츠에서의 생활을 이렇게 묘사했다.

"매일 조회시간에 몇 명을 선발해서 가스실로 데려가거나 생체실험을 하는데 어떤 사람들은 늘 건너뛰는 거예요. 가만히 보니까 희망이 있고 생기 있는 사람. 아무리 힘든 죽음의 수용소라고 하지만 그 마음속에 내일의 희망을 잃지 않는 사람들은 그 죽음의 그림자가 넘어가더라고요."

'희망'의 중요성을 깨달은 그는 수용소 바닥에 떨어져 있던 유리 조각 하나를 주워서 매일 면도를 하고 자신을 깨끗이 단장한다. 수용소 사람들은 언제 죽을지 모르는데 면도해서 뭐하느냐고 핀잔을 주지만, 빅터 프랭클은 희망을 품고 면도를 한다.

그는 일이 끝난 어느 날 동료들과 함께 수용소를 나가면 무엇을 할 건지에 대해 대화를 나누었다. 그들은 각자 빵 만드는 기술자, 유치원 선생님, 학교 선생님, 교수를 꿈꾸었다. 어떤 사람은 법 공부를 해서 훌륭한 법률가가 되겠다고 했다. 당장은 상상도 할 수 없는 일이었지만, 잠시나마 웃을 수 있었다. 물론 이들의 소망을 비웃는 사람들도 있었다.

"우리가 내일 어떻게 될지 모르는데 이 수용소를 나가서 무엇을 한단 말이야? 우리는 수용소 안에서 다 죽을 거야!"

희망 없이 하루하루를 보내던 사람들은 결국 자신이 말한 대로 되고 말았다.

아우슈비츠 수용소에는 누군가가 죽어가면서도 손톱에 피가 맺히는 것도 잊고 적어놓은 글귀가 남아 있다.

"우리는 먹구름 때문에 저 하늘의 태양이 빛나고 있음을 보지 못한다. 하지만 우리는 먹구름 뒤에 태양이 빛나고 있음을 믿는다."

당신의 인생에 먹구름이 드리워졌다고 생각하는가? 그렇다면 이것을 기억하라. '먹구름 뒤에 태양이 있다'는 것을.

요즘 대학생들을 보면 안타깝다 못해 측은지심이 든다. 초등 6년, 중·고등 6년, 대학 4년을 공부해 나름 괜찮은 스펙을 갖춰도 취업하기가 하늘에 별 따기고 미래에 대한 희망도 꿈도 꾸기가 어려운 지경이다. 이들은 'N포 세대'라는 또 다른 별칭을 달고 산다. 그들은 주거·취업·결혼·출산 등 인생의 많은 것을 포기할 정도로 경제적·사회적 압박을 받아 매우 불안정한 삶을 살고 있다.

'아프니까 청춘이다', '괜찮아 다 괜찮아', '흔들리지 않고 피는 꽃은 없다' 같은 어설픈 위로와 격려로는 뿔난 청춘들의 문제가 해결되지 않는다.

70년대에 청춘을 보낸 우리 세대는 대학이 해법이었고 탈출구였다. 나는 5살 나이에 아버지를 여의고 홀어머니 밑에서 8남매의 막내로 어린 시절을 보냈다. 가난한 현실 탓에 중·고등학교 시절 등록금을 제때에 내지 못해 '벌서기'를 밥 먹듯 했다. 당시 내가 살았던 서울의 쪽방 동네에서는 남자 아이들은 중학교를 졸업하면 대부분 공장을 다녀야 했다. 어렵사리 고등학교에 진학은 했지만 여러 가지 여건상 대학 진학에 실패한 나는 쪽방 동네 친구들처럼 돈을 벌어야 했다. 그러나 현실은 달랐다. 대한민국에서는 대학 졸업장이 없으면 출세하기 힘든 현실 앞에서 대학입시에 도전하기로 했다. 고등학교 졸업 후 2년 만이었다. 대학 졸업 후 장교로 군복무를 마치고 사회에 나와서는 기자가 됐다. 대학원 석사과정과 박사과정을 마친 후 신문사 사장과 대학교 겸임교수가 됐다.

지금까지 내가 살아온 시간들을 몇 줄로 정리했지만, 그동안 경험한 실패와 좌절은 지금도 몸서리 쳐질 정도로 호됐다. 그렇다고 주저앉지는 않았다. 포기라는 놈이 유혹할 때, 나는 그것에 넘어가지 않으려 부단히 애를 썼다. 지옥 같은 순간 나를 포기로부터 구제한 것은 단연 희망이었다.

너는 충분히
특별한 존재

마라톤을 뛰어본 적이 있는가? 마라톤 열풍이 사그라지기는 했지만, 매주 일요일마다 전국 각지에서 마라톤 대회가 열린다. 우리나라에 마라톤 인구가 이렇게 많나 싶을 정도다. 마라톤 종목은 5km, 10km, 하프마라톤, 풀코스로 나뉜다. 초보자들은 5km, 어느 정도 훈련한 사람들은 10km, 나름 뛴다 하는 사람들은 하프 혹은 풀코스에 도전한다.

A는 이제 막 마라톤을 시작한 사람이다. 그는 연습량에 따라 5km, 10km, 하프마라톤, 풀코스에 도전할 것이다. 처음 마라톤에 입문한 A가 5km에 도전할 때 가장 힘든 순간이 언제인지 아는가? 3.5km부터 1km 지날 때까지는 죽을 맛이다. 그 고비를 넘기면 힘든 줄 모르고 뛸 수 있기 때문에 5km를 완주할 수 있다.

도전에 성공한 A는 꾸준히 연습해서 이번에는 10km를 뛴다. 지난번에 마의 구간으로 여겨졌던 3.5~4.5km 구간이 뜻밖에 거뜬하다. 놀랍게도 7km까지는 힘든 줄 모르고 잘 뛰었다. 그런데 7~9km 구간이 이루 말할 수 없이 고통스럽다. 마라톤을 하겠다고 신청하던 순간이 떠오른다. 순순히 지갑을 열어 참가비를 낸 자신을 저주한다.

'내가 돈 내고 왜 이런 미친 짓을 한 거지?'

A는 다음부터는 절대 하지 않겠다고 다짐한다. 완주 메달만 받고 집에 가자며 이를 악문다. 이렇게 스스로를 한심하게 여기면서도 얼마 남지 않은 거리를 생각하며 뛰다 보면 쿵쾅쿵쾅 요란한 음악 소리가 들린다. 마라토너들을 격려하기 위해 나온 관중의 박수갈채와 응원의 목소리도 들리기 시작한다. 그때부터 목표가 코앞에 있다는 희망으로 완주하게 된다.

A는 하프마라톤에도 참가한다. 10km를 지나 7km를 더 뛰는데도 힘들지 않는다. 하지만 17km를 지나면서부터 슬슬 엄청난 고통이 밀려온다. 이번에도 스스로에게 욕이란 욕은 다 퍼붓는다. 느닷없이 선한 얼굴을 한 A의 내면의 존재가 나타나 이렇게 속삭인다.

'기록에 신경 쓰지 말고 완주만 하자.'

지난번과 마찬가지로 목표지점 1km를 남겨두고 주변의 응원이 들리기 시작한다. 한 걸음 한 걸음 어떻게 뛰는지 모를 정도로 감각은 이미 사라졌지만, 어느새 골인 지점에 와 있다.

나도 한때는 건강을 위해 마라톤을 뛰었다. 완주 메달을 20여 개나 가지고 있지만, 풀코스는 뛰어보지 않았다. 다만 42.195km 풀코스에서 30km를 지나면 인간의 한계에 이른 듯한 느낌이 든다는 말을 들었다. 그러나 35km 이후에는 '러너스 하이Runners High'라는 무아지경의 상태에 빠진다고 한다. 그때부터 완주라는 목표를 향해 뛰는 것이다.

마라톤의 각 코스마다 반드시 힘든 구간이 있다. 이는 우리가 지금까지 겪어온 여러 경험과 일맥상통한다. 아무리 쉬운 목표라도 그것을 향해 가다 보면 한 번쯤은 난관에 부딪치게 된다. 이 난관을 극복하느냐 그 앞에 무릎을 꿇느냐는 마음먹기에 달려 있다.

지금부터 놀라운 수치를 보여주겠다. 100명이 마라톤을 할 경우 중도 탈락자의 비율을 살펴보면, 5km 구간에서는 30%, 10km 구간에서는 30%, 하프마라톤 구간에서는 약 20% 정도 된다. 최종 풀코스에 도전하는 사람은 20명뿐이다. 이들 중 완주하는 사람은 5명밖에 되지 않는다.

우연한 기회에 한 학원 강사를 만났다. 학원가에도 5%의 법칙이 존재했다. 공무원 시험을 준비하는 사람들 가운데 30%는 기초가 없고, 30%는 1년 동안 한두 과목에 매달리다 포기하고, 30%는 능력도 실력도 좋지만 효율적으로 공부하지 못하거나 체력이 약해서 중도 탈락한다고 한다. 그리고 나머지 10% 중에서 실력, 체력, 의지로 끝까지 살아남아 시험에 응시하는 사람은 5% 정도다. 이것이 5%의 법칙이다. 적자생존 상태에서는 경쟁을 거쳐 5%만 살아남는다는 것이다.

가만히 돌이켜 생각해보자. 초등학교 시절 한 번쯤 멋진 미래를 꿈꾼다. 원하는 대학도 확실하다. 그러나 초등학교를 졸업할 때 30%, 중학교 때 30%, 고등학교 때 20%가 목표를 변경하게 된다. 나머지 20% 가운데 5%가 소위 말하는 SKY(서울대, 고려대, 연세대), '서성한(서강대·성균관대·한양대)', '중경외시(중앙대·경희대·한국외대·서울시립대)'에 진학한다.

대학 졸업 후에도 5%의 법칙이 적용된다. 2012년도 대학 졸업자 58만 명 중 안정된 직장에 취업한 사람은 2만 6천 명이다. 58만 명의 5%다. 여기서 안정된 직장이란, 대기업을 비롯한 공공기업, 공무원 등 많은 구직자들이 선호하는 곳이다.

그렇다면 목표를 이루지 못한 95%는 실패한 것인가? 아니다. 그들에게도 각자 맡은 소임이 있다. 우리가 부모님의 자식으로 태어나기 위해 얼마나 되는 경쟁률을 뚫었는지 아는가? 무려 3억 대 1이다. 하나의 생명이 태어나기 위해 3억 마리의 정자가 난자를 향해 달려간다. 이들은 27분에 걸쳐 8cm인 문을 통과한다. 그러나 이들은 모두 생존하지 못한다. 대부분 잘못된 길을 선택해 사라지고 만다. 아직 2차 관문이 남아 있다. 이제는 40분에 걸쳐 10cm인 문을 통과해야 한다. 이것이 끝이 아니다. 난자에 침입해 수정을 시도하는 200 대 1의 경쟁을 해야 한다.

이렇게 해서 탄생한 생명이 바로 우리다. 우리는 이미 엄마 뱃속에서부터 어마어마한 경쟁을 뚫고 태어났다. 어떤 난관이 있더라도 그것을 극복하고 이겨낼 수 있는 기본자질을 타고났다.

나만의 진정한
목표 세우기

실현가능하고 현실적인 목표수립이 관건

나는 강의 초반에 학생들에게 이렇게 묻는다.

"대학에 왜 왔나요? 부모님이 가라고 해서? 남들이 다 다니니까 뒤처지기 싫어서? 어차피 누구나 가는 인생길의 한 과정이니까? 성공한 삶을 위해서? 대학을 안 나오면 사회생활을 못할까봐?"

2012년 2월 21일 《한국경제신문》에 실린 기획기사의 제목을 보자.

"문턱 낮으니까 일단 진학하고 보자… '대학울타리'에 안주하다 취업할 때는 막막"

이 기사에 따르면, 우후죽순으로 난립한 대학에서 부실교육을 받은 56만 명의 대졸자들이 연간 2만 개의 '좋은 일자리'를 놓고 경쟁을 한다.

이들 중에서 인재를 선발해야 하는 기업들은 "전공의 기본도 모르는 지원자가 넘쳐난다"라고 푸념을 한다는 것이다.

지금 대학을 다니는 학생들이 초등학생일 때, 그들의 부모는 열심히 공부하면 일명 SKY 대학에 갈 수 있다고 말했을 것이다. 그러나 현실은 어떤가? 점수에 맞춰 원하지 않는 대학, 원하지 않은 학과에 어쩔 수 없이 다닌다는 학생들을 심심찮게 만난다.

그렇다면 나는 단도직입적으로 그들에게 "그만두세요"라고 말한다.

원하는 대학도 아닌데 마치 누군가를 대신해서 다니는 것이라면 당장 자퇴서를 내는 것이 낫다. 어떠한 의미도 부여하지 못하는 대학에 비싼 등록금 내면서 시간을 낭비할 필요가 없다. 그 대신 취업을 한다면, 한 달에 150만~200만 원은 벌 수 있다. 등록금과 생활비를 합쳐 대학 1년간 2000만~3000만 원이 든다. 반대로 그 시간에 돈을 번다면, 적어도 2000만 원을 벌 수 있다. 자기가 누구이고 무엇을 좋아하고 잘할 수 있는지를 모르는 사람에게 꿈이 있을 리 없다. 꿈이 없으면 희망도 없다. 희망이 없으니 목적이 없다. 목적 없는 사람은 진정한 의미에서 살아 있는 것이 아니다. 호러나 판타지 작품에 주로 등장해 부패한 모습으로 영혼 없이 걸어 다니는 산송장이나 다름없다.

나의 가족은 매년 섣달 그믐날 종소리를 들으며 2시간에 걸쳐 지난해의 목표를 달성했는지 점검하고 '지난해의 10대 뉴스'와 '새해의 10대 목표'를 정한다. 10대 뉴스는 각자 자신에게 일어났던 일 중에 선정하고 식구들 앞에서 발표를 한다. 이것을 토대로 '가족의 10대 뉴스'를 정해서 각자의 일기장에 꼼꼼하게 기록한다. 그리고 각자의 새해 소망과 목표를 말한다. 마찬가지로 이것들 중에서 가족의 소망과 목표를 정해서 일기장에 기록한다. 믿지 않겠지만 32년간의 기록이 고스란히 보관되어 있다. 수시로 들쳐보며 반성도 하고 추억에 잠기기도 한다.

목표라고 해서 거창할 필요는 없다. 진정한 인생 목표란 자신이 잘할 수 있고 제일 잘할 수 있는 것이어야 한다. 남들의 의견에 좌지우지 되어선 안 된다. 나는 실현가능한 것만을 목표로 제시한다. 어떤 사람들은 그런 목표로는 현상 유지밖에 할 수 없다고 한다. 그러면 원대한 미래는 꿈꿀 수 없다고 한다.

전혀 그렇지 않다. 작은 목표를 달성했을 때의 성취감을 일찌감치 느낌으로써 자신감이 급상승한다. 즉 더 큰 목표를 향해 나아갈 수 있는 원동력이 생긴다. 나는 허황됨보다는 실효성을 원한다. 당신의 목표도 마찬가지다.

구체적인 목표 정하기

부모님께 효도하자. 이것이 목표가 될 수 있을까?

'효도'는 막연한 목표다. 효도하기 위한 구체적이고도 실제적인 행동들이 목표가 돼야 한다. 예를 들어 시골에 계신 부모님께 일주일에 세 번씩 안부 전화하기, 하루에 한 번 SNS로 대화하기, 한 달에 2번 찾아뵙기, 용돈 드리기같이 성취 여부를 확인할 수 있는 것들이 좋다.

객관적인 목표 세우기

또한 목표는 객관적이어야 한다. 돈을 모으고 싶은데, 1년에 5억 원을 저축하겠다고 하면 허황되다고 할 것이다. 로또복권에 당첨되지 않는 한 평범한 직장인들로서는 불가능하다. 그러나 20년에 5억, 즉 1년에 2500만 원을 모은다고 하면 전혀 불가능하지 않다. 2015년 대기업 정규직 대졸 신입사원의 초임은 평균 3646만 원이다. 즉, 대기업에 취업하면 나름 객관적인 목표가 되는 것이다.

측정 가능한 목표 세우기

측정 가능한 목표를 세워야 한다. 영어공부를 '열심히 하자'는 목표는 측정이 불가능하다. 하루에 '3시간씩' 영어공부를 해서 올해 안에 토익점수를 '900점 이상' 받는다는 목표가 실현가능성이 높다. 3시간, 900점 같은 측정 가능한 수치가 있기 때문이다. 이들 수치를 체크하면서 목표를 조정하거나 달성하기 위한 또 다른 방법을 시도할 수 있다.

시효가 있는 목표

시효가 있는 목표를 세워야 한다. 단순히 몸무게를 5kg 줄이겠다는 것보다 '2개월' 안에 몸무게 5kg을 줄이겠다고 정하는 것이 좋다. 이 경우 시간을 정하는 것이 목표로 적합하다. 자신이 정한 기간에 목표를 달성하면, 스스로 보상하여 자신감을 향상시킬 수 있다. 목표를 달성하지 못하더라도 기간을 연장하여 목표에 재도전할 수 있다.

드림맵

어느 전문대학의 유아교육과에 재학 중인 한 학생이 자신의 인생목표와 미래소망에 대해 '드림맵Dream Map'을 작성했다. 그 학생의 '드림맵'을 보면 각 항목별로 매우 자세하게 기술되어 있다. 첫 번째 목표는 매달 첫째, 셋째, 다섯째 월요일마다 학교 도서관에 가기다. 그녀는 그곳에서 전공서적 외에 교양서적, 소설 등 책 2~3권을 읽어 마음의 양식을 쌓는다.

두 번째 목표는 훌륭한 유치원 선생님 되기다. 졸업과 동시에 보육교사 자격증, 유치원 정교사 자격증을 취득하기 위해 교양과목 14학점, 전공과목 16학점 총 120학점을 수강한다. 그리고 평균학점 75점 이상을 받기 위해 예습과 복습을 반복적으로 한다.

세 번째는 프랑스를 포함한 유럽 여행 가기다. 학교에 다니는 동안 틈틈이 아르바이트를 해서 여행자금을 마련하는 상품에 가입해 저축을 한다. 졸업과 동시에 유럽 여행을 떠나 파리 샹젤리제 거리를 걸으며 〈오샹젤리제 Les Champs Élysées〉를 부르는 것이다.

네 번째 목표는 성적장학금 받기다. 학교에서 실시하는 성적 우수자 해외연수에 관한 기사를 오려서 책상에 붙여놓았다. 그리고 "반드시 성적장학금을 받겠어"라며 다짐했다. 이 목표는 유치원 선생님이 되고 유럽 여행을 가고 부모님의 부담을 덜어드리는 것과 연관된다. 이 목표가 달성되면 해외연수라는 새로운 목표로 연결된다.

이밖에 피아노 동요와 체르니 100번 마스터하기, 다이어트하기가 있다. 유치원 교사가 되는 데 필요한 피아노 연주는 이것을 익히는 기간을 정해두었다. 또 학기 중에는 학교에서, 방학 때는 교습비 8만 원을 지출해 피아노 학원에서 집중적으로 연습하기로 했다. 다이어트는 졸업 전 마지막 학기 동안 하루에 한 시간씩 스트레칭을 하고, 야채 효소를 마시기로 했다. 현재의 몸무게보다 8kg을 감량하는 것이 목표다.

당신도 여러 가지 목표를 동시에 달성하기를 원한다면 드림맵을 활용

해보자. 책상이나 눈에 띄는 곳에 붙여두고 수시로 확인하면 목표달성에
박차를 가할 수 있다.

Pray

워밍업

간절하고 절실한
꿈을 목표로

박찬호는 미국메이저리그에 진출한 최초의 한국인 투수다. 그는 그곳에서 생활하는 동안 어금니 통증으로 고생했다고 했다. 그 이유에 대해 그는 이렇게 대답했다.

"투구를 할 때 전력투구를 하기 때문이죠. 나도 모르는 사이에 어금니를 꽉 깨물게 돼요. 메이저리그의 특급 투수들 중에 어금니가 정상인 사람이 거의 없어요."

연장전을 제외하고 9회 동안 타자가 첫 타석에서 안타를 치고 진루한다면 투수의 수고는 그만큼 줄어든다. 하지만 상대팀 타자가 진루해서 득점하는 것을 막기 위해서는 안타를 내줘서는 안 된다. 볼넷을 주거나 공을 타자의 몸에 맞춰서 타자가 1루 베이스를 밟게 해서도 안 된다. 투수는 상대팀이 알아채지 못하게 포수, 감독, 투수코치 등과 사인을 주고받으며 교묘한 수를 써야 한다. 배트를 든 타자도 공이 오기만을 기다리지 않는다. 투수가 실투하도록 신경전을 벌이기도 하고, 파울볼을 만들어 투수의 투구수를 늘린다.

한 이닝당 각 팀은 3개의 아웃카운트를 가진다. 즉 3명의 선수를 아웃시키면 공격과 수비가 바뀐다. 투수는 마운드에 오를 때마다 3명만 잘 처리하면 투구수를 줄여 체력 손실을 막을 수 있다. 타자들은 최대 6번의 기회가 있다. 투 스트라이크에 포볼이면 진루할 수 있다. 투수가 공을 던지는 최소 개수와 최대 개수를 제외하고 9(이닝)×6(타자의 기회)×3(이닝당 최소 타자 수)=92개의 공을 던질 수 있다. 타자가 계속해서 파울볼을 치거나 상대팀이 연속 득점을 한다면 투구수는 훨씬 더 늘어난다. 물론 선발 투수가 실투를 하거나 폭투를 하거나 부상을 당하면 교체되기도 한다. 흔히 이름을 대면 알 만한 유명한 투수들은 5회나 6회까지 100여 개가 넘는 공을 던진다.

즉, 선발로 출전한 투수들은 팀의 승리를 위해 100번 가까이 이를 악문다. 공 하나하나에 전력을 다해도 팀이 승리하는 것은 아니다. 타자들의 컨디션, 날씨, 수비 등이 뒷받침돼야 한다. 야구는 투수 싸움이라 할 정도로 투수의 비중이 크다. 그러니 마운드에 오른 투수의 부담감을 치통에 비할 수 있을까. 그들은 팀이 이길 수 있다면 이까짓 치통쯤이야 할 것이다. 그만큼 팀의 승리가 절실하다.

우리도 야구선수들처럼 간절하고 절실해야 한다. 노먼 빈센트 필^{Norman Vincent Peale}은 '긍정적인 사고'의 창시자이자 세계적인 연설가로 유명한 성직자다. 그는 1%의 열정이 인생의 놀라운 차이를 만든다고 했다. 당신도 지금까지 해온 노력에 더도 말고 1%만 더 열정을 갖고 꿈을 가져보라.

조지 홀은 1965년 베트남의 한 포로수용소에 있었다. 그가 육군 중령이었는지, 공군 조종사였는지 확실하지 않지만 그의 꿈은 프로 골퍼였다. 그는 7년간 수감생활을 하면서 상상 속에서 4천 번의 라운딩을 했다. 골프채도 없이 운동시간만 주위지면 빈손으로 스윙 연습을 했다. 1973년 그는 포로에서 풀려난 후 한 달 만에 열린 뉴올리언즈 토너먼트 골프대회에 출전했다. 결과는 어땠을까? 그는 그 경기에서 우승을 하고 12만 5천 달러를 상금으로 받았다. 그의 간절하고 절실한 꿈은 도저히 상상할 수 없는 기적 같은 일을 일으켰다.

1950년대 예일대 법대를 졸업한 사람들을 대상으로 설문조사를 한 결과를 보자. 당시 졸업생의 67%는 꿈이 없다고 했고, 30%는 꿈이 있지만 적어놓지를 않았다. 오로지 3%만이 꿈을 메모해서 지니고 있었다. 20년 후 추적조사를 한 결과, 꿈을 적어 지니고 있던 3%는 로펌을 운영하고 있었다. 나머지 97%의 사람들이 그곳에 고용되어 있었다. 자신의 꿈을 적지 않은 사람과 꿈이 없었던 사람들은 간절하게 꿈을 이루고자 했던 3%를 상사로 모시고 있었다.

오프라 윈프리는 9살 때까지 신발을 신지 못할 정도로 가난했다. 14살 때는 성폭행을 당했고 임신을 했다. 태어난 지 2주된 아들의 죽음도 지켜봐야 했다. 하지만 그녀는 자신의 특별함을 알고 있었던 듯하다. 그 후 그녀는 지역 방송국에서 라디오에서 일을 하게 됐고, 19살에 저녁 뉴스의 공동 진행을 맡았다.

그녀는 자신의 이름을 거꾸로 한 하포Harpo 그룹의 회장이자 미국 최고의 여성 방송인이다. 세계에서 유일한 흑인 억만장자다. 그녀는 또 '오프라이즘'이라는 신조어도 만들어냈다. '오프라이즘'이란 "인생은 온전히 자기 자신에게 달려 있다”는 것이다. 그녀는 가난과 성폭행, 미혼모 등 누군가는 한 번도 겪어보지 못할 끔찍한 일들을 어린 나이에 경험했다. 그럼에도 절망하지 않았다. 자신 앞에 놓인 기회를 통해 그녀는 자신이 무엇을 잘하는지 발견했다. 그리고 간절하고 절실한 목표를 세워 희망의 꽃을 피웠다.

간절하고 절실한
목표의 위력

가수이자 배우로 활동하는 비는 2006년 5월 《타임》 표지를 장식한 적이 있다. 그에게는 어떠한 간절함이 있었기에 미국의 대표 시사 주간지에 얼굴을 올렸을까? 그는 마이클 잭슨을 우상으로 삼을 정도로 춤과 노래를 좋아했다. 어머니는 공부하기를 원했지만, 춤과 노래에 열정이 가득했던 그는 안양에 있는 안양예술고등학교에 진학을 했다. 비는 가수가 되기 위해 오디션을 보러 다녔지만 쌍꺼풀이 없고 매력이 없다는 이유로 모두 떨어졌다. 18번째 오디션에서 떨어진 후 그는 가수이자 기획사 대표인 박진영을 만났다. 그때는 가수 비가 아니라 아이돌 그룹의 일원으로서 가수가 되었다. 가수만 되면 돈을 벌어 집안을 도울 수 있을 것 같았다. 하지만 생각과 달리 일은 풀리지 않았다. 그룹 활동은 지지부진했다. 9년 동안 당뇨를 앓던 어머니가 돌아가셨다. 돈만 있으면 얼마든지 치료를 받을 수 있었지만, 그의 어머니는 그 돈을 아들의 미래를 위해 모아두었다.

그는 어머니를 떠나보내며 유명한 가수가 돼서 어머니의 은혜에 보답하겠다고 굳게 마음을 먹었다. '비'가 되어 어머니 앞에 트로피를 안겨드리기 위해 이를 악물고 춤과 노래 연습을 했다. 숨이 턱 끝까지 차는 순간에는 주문을 외웠다.

"이거 아니면 나는 죽는다. 죽을 만큼 노력하자. 잠은 죽어서 평생 잘 수 있다."

그는 자신의 꿈을 실현하기 위해 '오늘이 마지막 날이다'라고 마음으로 연습을 했다고 한다. 그리고 미국 언론의 표현을 빌리면, 2006년 그는 "강렬한 태풍처럼 뉴욕을 휩쓸었다".

스티브 잡스(Steve Jobs)는 스탠포드 졸업식에서 자신이 살아온 이야기를 3가지 스토리로 나누어서 설명했다. 이제 그는 떠나고 없지만, 그날의 축사는 세계적인 명연설로 남았다. 그는 17살 때 읽었던 구절을 잊지 않고 33년간 매일 아침 거울을 보면서 스스로에게 말했다.

"만약 오늘이 내 인생의 마지막 날이라면, 내가 하려고 했던 것을 하고 싶어 할까?If today were the last day of my life, would I want to do what I am about to do today."

비가 스티브 잡스의 말에 감명을 받아 자신에게도 적용했던 것일까? 아니다. 세계적으로 성공한 사람들의 DNA에는 이러한 간절함과 절실함이 있었던 것이다. 죽기를 각오하고 노력하는데 못할 일이 어디 있겠는가.

영화 〈리얼스틸Real Steel〉는 900kg에 2m 50cm가 넘는 거대한 로봇 파이터들이 링 위에서 숨 막히는 승부를 벌이는 시대를 그리고 있다. 삼류 프로모터인 주인공 찰리는 겨우 번 돈으로 구입한 고철 덩어리를 로봇

파이터로 만들어 재기하려고 했지만, 존재도 모르고 지내던 아들 맥스와 함께 지내게 된다. 맥스는 우연히 발견한 고철 로봇 '아톰'을 발견하고, 찰리는 아들의 꿈을 이뤄주기 위해 마지막으로 모든 것을 건다. 마침내 '아톰'은 세계 최강의 로봇을 꺾고 우승을 한다.

이 영화에서도 간절하고 절실한 꿈이 있을 때 기적이 일어난다는 것을 보여주고 있다.

2012년 동아일보 사회면에 "한쪽 팔을 잃었다. 그래도 꿈을 이뤘다. 나는 체육교사다"라는 기사가 실렸다. 한쪽 팔이 없는 사람이 체육 교사가 된 것이다. 세 살 때 사고로 팔을 절단해야 했던 김인탁 씨는 교육봉사를 하며 자기 적성이 체육교사라는 것을 깨달았다. 그는 체육교육과에 편입해서 임용교사 시험에 당당히 합격했다. 지체장애인 최초로 일반중등교사 체육선생이 되었다.

상상이 가는가? 그는 아이들에게 꿈을 불어넣고 싶어서 체육교사가 되었다고 한다. 사지가 멀쩡하고 신체 건강한 일반인들도 통과하기 힘든 체육실기시험을 당당히 합격했다. 그는 현재 서울 영등포구에 있는 선유중학교 체육교사로 재직 중이다. 2014년에는 처음으로 담임을 맡아 2015년 2월 첫 졸업생을 배출해냈다.

정말이지, 간절하고 절실하면 이루지 못할 것이 없다.

꽃은 때가
와야 핀다

꽃은 저마다 피어나는 계절이 다르다. 봄에는 라일락, 철쭉, 매화, 진달래, 개나리가 무채색의 세상을 울긋불긋 물들인다. 여름에는 장미, 아카시아 꽃들이 점점 따가워지는 햇살 속에 향긋한 꽃향기를 품어낸다. 가을에는 구름 한 점 없는 푸른 하늘 아래 노랗고 하얀 국화가 들판을 채운다. 맹추위가 사라지지 않았음에도 동백은 붉게 꽃을 피운다.

사람들도 꽃처럼 자신만의 계절이 있다. 20대의 청년들이 모두 같은 시기에 성공을 하지 못하는 것과 같다. 누군가는 풋풋한 젊음을 꽃피우는가 하면, 누군가는 아직 꽃망울을 터트리지 못하고 햇살을 더 받으려 한다. 이미 꽃을 피웠던 사람이 시들기 시작하면 일부 다른 사람들이 서서히 꽃을 피운다. 여전히 꽃봉오리인 채로 꽃잎이 활짝 펴질 날을 기다리는 사람도 있다.

그러나 사람들은 성급하기 짝이 없다. 자신이 국화임을 잊고 다른 꽃들은 움도 틔우지 못한 초봄에 향기를 뽐내는 매화가 되려고만 한다. '일찍' 꽃을 피웠다는 이유만으로 매화가 세상 꽃 중에 가장 아름다운가? 왜 하나같이 초봄에 피어나지 못해 안달인가? 왜 꽃을 피우지 못했다고 쉽게 좌절하는가? 친구들은 승승장구하고 있는데, 자신만 잉여의 나날을 보내고 있다고 괴로워하고 낙담하는가?

당신만의 꽃이 피는 계절은 따로 있다. 봄이 됐다고 해서 무조건 꽃을 피워야 하는 건 아니다. 아직 적절한 때가 되지 않았을 뿐이다.

인생역전에
성공한 사람들

스티브 잡스

미국의 기업가이며 애플 사의 창업자였던 스티브 잡스는 태어나자마자 양부모에게 입양되었고, 그리 유복하지 않은 어린 시절을 보냈다. 그는 대학에 입학했다가 6개월 만에 자퇴를 했는데, "평범한 노동자였던 부모님이 힘들게 모아둔 돈을 모두 써야 할 정도로 학비가 비쌌지만, 6개월 후 대학생활은 그만한 가치가 없어 보였기 때문이다."

그 후 나이가 다섯 살 더 많지만 어릴 때부터 절친인 위즈니악과 1976년 애플이라는 퍼스널 컴퓨터 제조회사를 창업해 오늘날의 애플 신화의 밑거름을 다졌다. 승승장구하던 잡스는 매킨토시 컴퓨터를 선보이며 성공가도를 달렸으나 또 다른 프로젝트인 리사 프로젝트의 실패로 1985년 자신이 만든 회사에서 쫓겨나게 되게 된다.

스티브 잡스는 스탠퍼드 대학 졸업식 축사에서 이 시기에 대해 "당시에는 몰랐지만, 애플에서 해고당한 것이 나에게 일어날 수 있었던 최고의 사건이었다"라고 말했다. 그는 넥스트를 창업하고 픽사를 인수하는 등 두 회사를 만들고 운영했다. 그리고 최고경영자^{CEO}로서 조직을 운영하는 방법을 다시 익혀나갔다. 이때 향상된 기술력과 창의성은 애플이 넥스트 스텝을 인수하면서 1996년 그를 다시 애플의 최고경영진 자리로 돌려놓았다. 이후 그는 아이폰과 아이패드를 출시, IT 업계에 새로운 바람을 불러일으켰다.

"stay hungry stay foolish"는 잡스의 명언 중에 명언이다. '여전히 배고파라 어리석을 정도로'라는 말이 아니라 '여전히 갈망하라 우직할 정도로'라는 의미다. 나는 세계의 명연설로 손꼽히는 잡스의 '스탠포드 대학의 졸업식 치사'에서 당신을 비롯한 많은 사람들에게 하고 싶었던 이야기를 그의 입을 빌려 하고자 한다.

"여러분이 하는 일은 인생의 많은 부분을 채울 것입니다. 여러분이 진정으로 만족하는 유일한 길은 여러분 스스로 훌륭하다고 믿는 일을 하는 것입니다. 그리고 훌륭한 일을 하는 유일한 길은 여러분이 하는 일을 사랑하는 것입니다. 만일 그것을 찾지 못했다면 계속해서 찾으십시오. 주저앉지 마십시오. 언젠가 그것을 발견할 때 여러분은 마음으로부터 그것을 알게 될 것이다. 그리고 어떤 좋은 관계처럼 그것은 해가 지나면서 점점 좋아질 것입니다. 그러므로 그것을 발견할 때까지 계속 찾으십시오. 주저앉지 마십시오."

개그맨 이동우

1990년대 중반 큰 인기를 누렸던 '틴틴파이브'라는 개그맨 보컬그룹의 멤버였던 그는 2004년 망막색소변성증이라는 병으로 시력이 점점 약해지다가 급기야 실명을 했다. 여기에 엎친 데 덮친 격으로 아내는 뇌종양 판정을 받았다. 하지만 그는 이 모든 것을 극복하고 더 활기찬 인생을 살고 있다. 시력을 잃어 눈은 보이지 않지만 마음의 눈으로 꾸준히 도전하고 있다.

그는 힘들고 지치고 난관에 부딪혀 낙담하고 있는 이들에게 창작 연극 〈내 마음의 슈퍼맨〉을 통해 희망의 메시지를 전달하는 연극배우로 활동하고 있다. 또한 시각장애를 딛고 '철인 3종 경기'인 2013 ITU 통영 트라이애슬론 월드컵을 완주했으며, 2013년 11월에는 정규 재즈 앨범 〈이동우 스마일 터닝 투 재즈LEE DONG WOO 'SMILE' TURNING TO JAZZ〉를 발매하며 재즈 가수로 변신했다.

몇 해 전 그는 놀라운 제안을 받았다. 천안에 사는 40대 남성이 눈을 기증하겠다는 의사를 밝혔다. 기쁜 마음으로 한걸음에 기증자를 만나러 갔지만 그는 그냥 돌아왔다. 그는 왜 기증을 받지 않았냐는 질문에 이렇게 대답했다.

"이미 받은 것이나 다름없어요. 그분은 저에게 세상을 보는 눈을 주셨거든요."

그에게 눈을 기증하겠다던 그 남자는 근육병 환자였다. 그에게 멀쩡한 곳은 눈뿐이었다.

"나는 하나를 잃고 나머지 아홉을 가지고 있는 사람이에요. 그분은 아홉 가지가 없고 하나만 있는 사람이었습니다. 비록 거부하기는 했지만, 저는 그분에게 세상을 보는 눈을 받았습니다."

그는 눈을 잃은 대신 세상을 보는 눈을 받고 특별한 사람이 되었다.

김동연 아주대 총장

《동아일보》는 2012년 1월 20일, 당시 재경부 2차관이 된 김동연 씨를 인터뷰했다. 기사의 제목은 "상고 출신 은행원 38년 각고, 최고위재정관료 신화 쓰다"이다.

소위 '학벌 장벽'을 깬 그는 11살에 미곡상을 하던 부친이 돌아가신 후 판잣집 천막촌을 전전했다. 상고 졸업반 때는 신탁은행에 입행했으며, 8년간 은행원으로 일하면서 야간대학을 다녔다. 1982년에는 국회사무관을 뽑는 입법고시, 행정사무관을 뽑는 행정고시에 합격하여 공직에 발을 디뎠다. 이후 그는 재경부 차관, 국무조정실장을 거쳐 지금은 대학 총장이 되었다.

그는 "꿈을 높게 갖고 노력하다 보면 고생은 '위장된 축복'이란 사실을 알게 된다"라고 말했다. 그는 고생을 힘들고 어렵고 나쁜 것으로 여기지 않았다. 그에게 고생은 그의 특별함을 가리고 있던 장막에 불과했다. 그는 끊임없는 목표 설정으로 자신의 특별함을 밝혀냈다. 당신이 봐도 그가 특별해보이지 않는가?

영국의 인기 오디션 프로그램인 〈브리튼스 갓 탤런트〉에 한 여인이 등장해 사람들의 눈길을 사로잡았다.

당시 초라한 외모로 심사위원과 관객들에게 비웃음을 샀다. 심사위원들은 그녀에게 노래 실력 따위는 전혀 기대를 하지 않은 듯 객쩍은 질문만 했다. 심사위원들은 "몇 살이냐? 사는 동네가 어디냐? 어떤 가수가 되고 싶냐"는 등 비아냥거리는 표정으로 질문을 했다. 그녀는 "47살이다. 작은 시골에 산다. 전문가수가 되는 것이 꿈이었는데 기회가 없었다. 엘린 페이지 같은 명가수가 되는 것이 꿈인데 여기에서 모든 것이 바뀌었으면 좋겠다"라고 당당하게 대답했다.

무대에 오르기 전 사전 인터뷰에서 "고양이와 다락방에서 살고 있다. 결혼은 물론 키스조차 해본 적이 없다. 남들 앞에서 노래 부르기를 좋아해 12살 때부터 혼자 노래 연습을 했다"고 말했다.

그녀가 뮤지컬 〈레미제라블 Les Miserables〉의 'I Dreamed A Dream'을 부르는 순간 모든 이들은 놀라움을 감추지 못했다. 심사위원들은 심지어 '무시하는 듯한 태도를 보여 미안했다, 사과한다"며 전원일치 통과 사인을 보냈다. 그녀는 이 프로그램 사상 첫 심사위원 전원 통과라는 기록을 세우며 가수로 데뷔했다. 이후 언론에서 그녀에 대해 "세상에 대한 어느 소시민의 아름다운 복수"라고 평가하며 그녀의 이야기를 다뤘다. 마치 같은 프로그램을 통해 2007년 휴대폰 외판원에서 가수의 꿈을 이룬 폴 포츠가 처음 등장해 노래를 했던 상황과 비슷하다고 하여, 제2의 폴 포츠, 여자 폴포츠라는 닉네임이 붙기도 했다.

그녀는 아스퍼거 증후군이라는 자폐증을 앓고 있었다. 그러나 이를 극복하고 53세가 되던 2014년에 새로운 사람을 만나 열애를 시작했다고 한다.

스티븐 스필버그

스티븐 스필버그Steven Spielberg는 〈ET〉, 〈쥬라기 공원〉, 〈쉰들러리스트〉 같은 세계적인 작품을 만들어내며《타임스》가 선정한 '20세기의 가장 중요한 인물 100인'에 이름을 올렸다. 하지만 그는 청년 시절에 정말 별 볼 일 없는 사람이었다. 이상한 영화 노트나 시나리오를 가지고 다니면서 이 영화사 저 영화사에 시나리오를 내밀었지만 어느 누구도 거들떠보지 않았다. 영화사 관계자들은 외계인이니 공룡 같은 것은 당시로서는 말도 안 된다고 생각했다.

수많은 영화사에서 거부를 당한 스필버그는 낙심하지 않았다. 그는 할리우드 거리를 다니면서 언젠가는 이 거리의 주인공이 될 것이다, 많은 사람들이 보고 감탄하는 영화를 만드는 감독이 되겠다고 생각하면서 그림을 그렸다. 매일같이 신에게 기도하는 마음으로 도전을 멈추지 않았다. 그는 계속해서 영화사를 찾아다닌 끝에 자신의 재능을 알아본 영화사를 만날 수 있었다. 그는 곧 촬영, 편집, 배경음악, 특수효과 등에서 독창성을 발휘해 관중에게 멋진 추억을 선사한 세계적인 영화감독이 됐다.

오아볼로

《희망을 푸는 두레박》의 주인공은 '골형성부전증'이라는 희귀병을 앓고 있다. 그는 선천적으로 뼈가 자라지 않을 뿐 아니라 작은 충격에도 뼈가 부러지기 쉽다. 이 질병 때문에 그의 키는 1미터 정도밖에 되지 않는다. 20여 년 전에는 두 다리가 부러졌다. 더는 스스로 한 발짝도 걸을 수 없는 처지가 됐다. 그러나 종교를 갖기 시작하면서 그의 인생은 변하기 시작했다. 그는 참담한 상황이지만 많은 사람에게 희망을 주고 싶었다. 편지로 수많은 사람들에게 희망을 전달하는 두레박이 되기로 했다. 그는 지금까지 60만여 통의 희망 편지를 썼다.

그의 책상에는 컴퓨터와 전화, 성경책이 있다. 이 세 가지가 세상에 희망을 보내는 통로다. 재소자를 비롯해 자살을 생각하는 사람, 인생 진로와 학업 때문에 고민하는 학생 등 힘든 시간을 보내는 사람들에게 편지를 보내서 그들이 스스로 죽음의 굴레를 벗도록 돕고 있다.

희망이 없다고 절망하고 낙심해서 편지를 보내오는 사람 가운데 대부분이 그보다 신체적으로 건강한 사람들이다. 그는 '골형성부전증'으로 상상할 수도 없는 고통을 겪었다. 어려서부터 놀림만 받고 제대로 걸어보지도 못했다. 병원이 그의 안방이었다. 하지만 그는 희망을 가지면 행복한 삶을 살 수 있다는 메시지를 날리고 있다.

스티브 잡스, 이동우, 김동연, 수잔 보일, 스티븐 스필버그, 오아볼로. 이들은 '금수저'를 물고 나온 사람들이 아니다. 그들은 누가 봐도 '흙수저' 물고 나왔다. 하지만 인생역전에 성공해 자기 분야에 우뚝 섰다. 시대가 바뀌면서 개천에서 용 나오기 힘든 세상이 되었다. '흙수저'가 '금수저' 되기는 꿈도 못 꿀 세상이라고 하지만, 노력하면 '금수저'는 되지 못해도 흙 퍼먹고 살 리가 없다. 당신 안에 내재된 잠재력과 특별함을 찾기 위해 애써야 한다. 어쩌면 흙을 치우고 나면 당신의 '은수저' '금수저'가 제 빛을 낼지도 모른다.

Pre-Practice

지옥 수업 전반전

내 수업은 Hell,
나갈 사람 나가요

첫 강의는 내 수업을 끝까지 들을 학생들을 골라내는 작업을 하는 시간이다. 학생들은 가벼운 발걸음으로 내 강의에 들어왔겠지만 말이다. 그들은 상상도 못한 고난의 시간을 선사하기에 앞서 그들이 적응할 수 있도록 수강생 이름을 차례로 부른다. 출석을 부르면서 그들이 강의계획서를 사전에 인지했는가를 묻는다. 내 수업에 대한 몰입도나 내 수업을 따라올 만한 각오가 되어 있는가를 점검하는 기준으로 삼기 위함이다. 일종의 오리엔테이션인 셈이다.

사실 내 수업은 엄청난 범위의 학기말 시험은 물론이고 매주 과제물이 있다. 또한 수업 때마다 자신의 특별함을 발견하는 자아비판(?) 시간도 준비되어 있다. 그렇기 때문에 내 수업은 학점 따기 좋은 꿀 수업이 아니라는 것을 학생들이 알고 수강을 해야 한다.

강의실은 나의 영토다. 적어도 한 학기 동안 학생들은 나와 함께 지옥행 열차를 탔다가 무사히 천국이라는 종착역에 도착해야 하기 때문에 나는 본격적으로 수업하기에 앞서 선전포고를 한다.

"We are going to the Hell! 우리는 이제 지옥으로 갑니다. 갔다가 살아남는 사람은 천국으로 갈 거니까 걱정하지 마세요. 지옥에 갔다 올 자신 있으면 남고 안 그러면 다 나가도 좋습니다. MT니 학술제니 축제니 수업 안 들어오면 모두 결석으로 처리할 겁니다. 학점은 상대평가입니다. 총점이 1000점인데 1, 2점 차이로 학점 등급이 달라질 거예요. 그러므로 내 수업은 학점에 관계없이 시사공부, 인생공부를 하겠다는 사람만 들으세요. 잘못 수강 신청했다 싶으면 지금 나가도 됩니다."

이미 내 수업은 '지옥 수업'이라고 소문이 나 있다. 하지만 학생들의 표정에는 갖가지 질문이 묻어난다.

'저 미친 교수의 엄포를 믿어야 하나 말아야 하나?'

'지옥 수업? 그런데 강의평가서에는 왜 얻는 게 많다고 하는 거지?'

'수강을 변경해? 말아?'

나는 강의계획서대로 첫 시간부터 과제를 낸다. 바로 자기소개서 쓰기다.

"나는 누구인가(who)? 나는 왜 살지(why)? 나는 무엇을 위해 대학에 다니는가(what, why)? 내가 하고 싶은 것은 무엇인가(what)? 내 인생목표는 무엇이고, 그것을 어디서 이루려 하는가(what, where)? 인생목표를 달성하기 위해 언제 어떻게 할 것인가(when, how)에 대해 써오세요!"

참고문헌도 없는 과제물, 누군가의 과제물을 참고할 수도 없다. 작년에 내 수업을 수강한 선배의 과제물로 대체할 수도 없다. 수족관의 물고

기들에게, 온실 속의 화초들에게 나는 묻고 있다.

"너는 누구냐?"

이제 당신에게 이 질문을 하려 한다.

"당신은 누구인가?"

자신이 없으면 이 책을 덮으면 된다. 다만 당신은 수강생들보다 몇 가지가 더 유리하다. 일단 수업 첫날 반드시 체크하는 출석 부르기가 없다. 강의계획서를 읽고 복사해왔는지 묻지도 않는다. 지각이나 결석 같은 것도 확인하지 않는다. 그리고 과제를 하거나 내 앞에서 그것을 발표할 필요가 없다. 시험을 치를 필요도 없다. 무엇보다 당신은 언제든 지옥 수업을 거부할 수 있다. 나는 그것을 확인할 길이 없다.

아일란 쿠르디를
아세요?

나는 2005년부터 대학에서 교양과 전공을 총망라하여 12개 과목의 강의를 해왔다. '현대사회와 행정', '매스컴의 이해', '국민과 정치', '사회학의 이해', '미디어 글쓰기', '인간과 환경', '정보화와 뉴미디어', '정보사회의 이해', '미디어 실무특강', '미디어 인턴십', '미디어 마케팅', '시사이슈 이해와 분석'까지 분야가 다양하다. 그 중 내 수업의 메인은 '시사이슈 이해와 분석'이다.

나는 11년 전부터 '거꾸로 수업', 즉 'flipped learning' 방식을 고수해왔다. 중·고교 시절은 물론 대학에서도 수동적인 수업에 익숙한 학생들은 생경한 내 수업방식에 매우 거부감을 느낀다. 하지만 중간고사 기간쯤되면 내 수업에 대부분 적응한다. 학기 말에는 "힘들었지만 최고의 수업이었다. 대학 강의다운 강의였다"라며 내 수업방식에 힘을 실어준다.

내 수업방식은 다음과 같다. 매주 여러 시사 이슈를 선정하여 웹하드를 통해 학생들에게 알린다. 학생들은 내가 제시한 시사 이슈 중에서 한 가지 주제를 선택한다. 그 주제에 대해 자신의 생각과 주장을 A4용지 한 장에 써서 자신이 속한 조의 조장에게 제출한다. 조장은 조원들의 의견을 첨삭한 것을 과제물로 만들어 내게 제출한다. 나는 그것을 재첨삭해서 매주 되돌려준다. 조장은 매주 바뀌기 때문에 모든 학생이 돌아가며 조장이 된다.

주입식 교육에 익숙한 학생들에게 이런 수업방식은 '지옥'처럼 느껴질 것이다. 하지만 나에게는 더 '지옥'이다. 학생들은 일주일에 A4용지 한 장을 쓰지만, 나는 학생들이 제출한 100여 장의 과제물을 보고 일일이 첨삭을 한다. 학기 중에는 주말을 반납해야 한다. 그런데도 내가 이 수업을 고수하는 데는 몇 가지 이유가 있다. 학생들은 시사 이슈에 대해 자신의 생각을 정리할 수 있다. 다른 사람의 글에 첨삭하면서 자신의 생각과 다른 점을 이해하고 공유하는 기회를 가진다. 나의 첨삭으로 올바른 글쓰기와 사고 영역의 확대를 경험할 수 있다.

그렇다면 당신은 이 지옥 수업을 통해 무엇을 얻을 수 있을까? 우선 당신이 속한 세상이 어떻게 돌아가는지 알 수 있다. 당신이 처한 상황을 직시하는 것이다. 그리고 내가 제시한 이슈에 대해 학생들의 생각을 이해하고 공유하는 동안, 자신의 생각을 비교하고 정리할 수 있는 능력을 키울 수 있다. 당신은 자신이 처한 현실을 진단할 수 있다. 당신이 가지지 못한 것들이 무엇인지, 남들에게는 없지만 당신이 가진 것은 무엇인지 알아볼 수 있을 것이다.

나는 학생들에게 칠판에 밑바닥부터 콩을 수북이 담고 있는 큰 항아리를 그려준 적이 있다.

"콩나물은 시장에 가면 흔히 볼 수 있습니다. 항아리에 물을 부으면 항아리에 뚫린 구멍으로 물이 빠져나가 콩만 남지요. 계속 물을 주면 콩은 무럭무럭 자라 뿌리에 수염이 나기 시작하고 어느새 싱싱한 콩나물이 되어 있습니다. 콩나물에는 숙취 해소에 탁월한 효능을 지닌 아스파라긴산이 있습니다. 특히 비료나 영양제를 넣지 않은 물을 먹고 자란 콩나물의 아스파라긴산이 최고라고 합니다. 여러분은 앞으로 16주간 콩이 되십시오. 나는 콩나물시루에 물 붓는 사람이 될 테니. 이것이 내가 주장하는 콩나물시루론입니다."

나는 학생들에게 하듯이 당신에게도 이 콩나물시루론을 적용할 것이다. 내가 주는 물을 흠뻑 맞고 당신의 고착되고 평범한 사고를 특별하게 바꾸고 싶다면, 이제부터 내 수업에 집중하기를 바란다.

시사 이슈 리스트(2015년 8월 31일~9월 5일)

- 또 해상 참사, 세월호 이후 바뀐 게 없다
- '조폭 언론' 키워주는 포털, 언제까지 이대로 놔둘 건가?(포털이 과연 언론인가? 포털이 유사 언론 역할을 하는 것 아닌가?)
- 전월세난 놔두고는 경제 못 살린다
- '혁신'하랬더니 '내분'만 벌이는 새정치연합
- 중국의 힘 과시한 전승 행사장에서의 대한민국 대통령
  −역대 최상의 한중관계, 미국과의 관계는? 일본은?
- 성장률 떨어지니 실질소득 4년 6개월 만에 감소
- 난민사태 심각성 일깨운 세 살배기(아일란 쿠르디)의 주검(터키 해변에서 죽음

을 맞이한 시리아 난민)
- 국감 증인 면제로 이권 챙기는 '암거래'는 범죄(기업 상대로 지역구 이권 챙기는 국회의원)
- 국정교과서 발행에 대해 어떻게 생각하는가?(서울대 역사 교수들도 나선 '국사 국정화' 반대)
- '선고유예' 받은 조 서울교육감, 검찰 상고(조 교육감 무엇 때문에?)
- '매카시즘' 신봉자(고영주 81년 부림 사건 검사), 방문진 이사장 자격 없다
- 북한 무인기가 마음대로 서울의 하늘을 날게 내버려둘 것인가?
- '작계 5015'를 유출한 군 장교에게 안보를 맡길 수 있는가?
- 수출 곤두박질, 경제 살릴 돌파구는 內需밖에 없다는 말(수출도 4년 6개월 만에 감소)
- 이런 대책으로 메르스 사태 재발 막을 수 있나('메르스 실패' 정확한 진단 없이 졸속 처방한 국가방역체계)
- 이른바 사회지도층의 해외탈세 뿌리 뽑아라(한시적으로 신고 받는다─6개월간 합법적 재산)
- '불효자 방지' 民法 개정 논의해볼 만하다(자식에게 물려준 재산, 다시 받을 수 있다)
- 정부 대학평가 과연 제대로 한 것인가?(진짜 부실 대학인가?)
  ─황우여式 대학 정원감축으로는 글로벌 인재 못 키운다
- 북, 이산상봉 약속 또 깨려나?
- 일자리 · 성장 못 이끄는 창업 열풍은 신기루(지난달 신설 법인은 8936개로 중소기업청이 2000년에 집계를 시작한 이후 가장 많았지만 일자리는 안 늘어)
- 日, 반기문 유엔총장의 中 전승절 참석 비난 자격 있나?
- 적절한 감시체제 필요한 특수활동비

바닷속에 묻힌 난민의 비

〇〇〇〇

지난 9월 2일 한 장의 사진이 전 세계를 슬픔에 빠뜨렸다. 사진 속 아일란 쿠르디란 이름의 아이는 가족과 함께 전쟁 지역을 피하던 중 변을 당했고, 그의 아버지인 압둘라 쿠르디를 제외한 모든 가족은 몰살되었다.

그 후, 모르쇠로 일관하던 세계 각 지역들이 이번 사건을 계기로 난민 문제에 마음을 여는 듯한 입장을 내비치고 있다. 독일, 영국, 오스트리아 등 유럽 몇몇 국가들은 난민들에 대해 우호적인 입장을 보이며 그들을 받아들이겠다는 적극적인 정책을 앞세우고 있다. 유럽 국가들은 기존의 난민 수용 가능 인원을 2만여 명까지 늘리거나 심지어 국경의 구분을 짓지 않겠다고 선언했다. 미국 역시 국제 사회의 눈치에 못 이겨 최대 1만여 명의 난민을 수용키로 결정했다.

이번 난민사태를 계기로 과연 난민에 대한 인도주의적 차원에서의 지원이 맞는가 하는 생각이 든다. 유럽 국가들의 지원이 난민들을 어둠 속에서 구출하는 것은 분명하다. 하지만, 이런 도움 역시 그들의 편의를 위해서다. 독일의 경우, 그들은 국가의 고령화 문제를 해결하기 위해 난민들을 수용했다. 목적 있는 지원이 난민들에게 얼마만큼 진정성 있게 다가갈 수 있을지 의문이다.

난민들은 보호를 받고자 전쟁 지역을 피해서 온 사람들이다. 이탈리아 난민위원회의 보고서에 따르면, 난민의 44%가 외상 후 스트레스 장애를 앓고 있다고 한다. 그들이 무엇보다 필요로 하는 것은 평화와 안전일 것이다. 그러므로 미국과 유럽 국가들이 나서야 한다. 각국의 정부가 무기 지원을 비롯해 중동의 평화를 해칠 수 있는 어떠한 행위도 할 수 없도록 압력을 가해야 한다. 중동의 혼란을 멈출 방법도 함께 찾아야 한다. 난민을 수용한다는 결정은 바람직하지만, 그들이 각 국가 안에서 어떠한 보상과 복지 혜택을 받을지에 대한 구체적인 계획과 실현도 필수적이라고 생각한다. 우선적으로 유엔 난민협약 가입국 145개국이 함께 힘을 모아 난민들의 안전을 보장하고, 그들이 훗날 고국으로 돌아갈 수 있게 도와주어야 한다. 진정으로 그들이 필요로 하는 것이 무엇인지 다시금 생각해보고 실질적인 측면에서 그들을 위한 방법을 고려해야 한다.

두 번째는 근본적인 문제에 대한 해결방법을 찾아야 한다는 것이다. 사실, 난민을 보호한다는 개념 이전에 난민이 생겨나서는 안 된다. 그들이 난민이 된 이유는 전쟁 때문이다. 그들은 전쟁으로 피해를 입었고, 전쟁 때문에 나라를 버릴 수밖에 없었다. 물론, 전쟁을 종식시킨다는 것은 어려운 일이다. 서로가 추구하는 목적이 다르고 강대국과 약소국이 존재하기에 더 어렵다. 앞으로도 이번 사건과 같은 난민 문제는 지속될 것이다. 난민 문제는 전쟁으로 발생하는 전쟁범죄 중 가장 우선적으로 해결되어야 할 문제다. 생명보다 중요한 가치는 존재하지 않는다.

앞서 기술했지만, 미국과 유럽의 강대국들은 무기 생산의 욕심을 버리고 강력하게 중재에 나설 필요가 있다. 무엇보다 중요한 건 전쟁 당사국들 간의 양보다. 지금 이 순간에도 IS(이슬람 극단주의 테러단체)들은 쿠르디의 사진을 내세워 상대국을 협박하고 있다. 평화는 한순간에 찾아오지 않으므로 우리의 관심이 전쟁이라는 큰 벽을 허물 수 있길 바랄 뿐이다.

이것은 첫 수업의 과제물이다. 첨삭 과정을 거쳤지만 꽤 나를 놀라게 했다. 나는 이 주제와 관련해 학생들에게 중점적으로 다뤄야 할 사항에 대해 미리 일러주었다. 특히 난민 문제가 언제부터 무슨 연유로 생겨났는지, 난민을 수용하는 국가는 어디인지, 우리는 난민 문제에 대해 어떻게 접근을 해야 하는지를 언급했다.

카카오톡 같은 SNS에 익숙한 학생들은 짧은 글들을 주고받을 뿐 호흡이 긴 문장에 두려움을 갖기 마련이다. 그래서 그들은 대개 내가 제시한 내용에서 다룰 뿐 사고의 영역을 확장하는 것을 두려워한다. 그런데 이 학생은 난민사태의 이면을 들여다보려는 시도를 했다. 유럽의 난민대책이 과연 난민에 대한 인도주의적 차원의 지원인가? 아니면 그들의 실리를 위한 눈 가리고 아웅 하는 식의 선행인가?

아쉬운 것은 이 학생이 자신이 짚어낸 문제점을 수박 겉핥기식으로 다뤘다는 점이다. 유럽의 난민대책을 다룬 뉴스 보도를 보면, 유럽 각국이 구제해야 할 난민의 수나 난민들을 각국으로 이동하는 방법, 구제 내용에만 집중되어 있다. 하지만 유럽 각국이 왜 난민을 수용하려고 하는지, 왜 난민의 수를 제한할 수밖에 없는지에 대해서는 많이 다루지 않는다. 결국 제한된 의견을 접한 사람들은 대부분 '잘사는 유럽 국가들이 도와주면 좋을 텐데' 또는 '왜 난민들을 더 많이 수용하지 않을까?', '난민들 때문에 치안에 문제가 생기겠군' 하고 생각할 수 있다.

그러므로 난민사태에 대한 유럽 국가들의 속내를 좀 더 들여다볼 수 있었다면 유럽의 난민대책에 대한 문제점이나 애로 사항을 이해할 수 있었을 것이다. 사실, 세상의 모든 일은 단순하지 않다. '전쟁이 일어났고, 난민이 생겼고, 누군가는 그들을 돕는다'라는 사고는 매우 일차원적이다.

만일 무조건적으로 자국이 불이익을 당하면서까지 난민들을 구제해야 한다, 또는 자국의 이익을 도모하면서 난민들을 도와야 한다는 양자택일의 상황에 처해 있다면 당신은 어느 쪽에 손을 들어줄 것인가. 여기에 유럽으로 진입하는 난민들이 숫자가 수십 만 명에 이른다면?

실제로 유럽연합[EU] 국경관리청에 따르면, 2015년 1월부터 7월까지 중동과 아프리카에서 유럽으로 진입한 난민은 34만 명을 넘는다. 특히 2011년부터 시작된 시리아 내전이 난민 급증의 주요 이유로 꼽힌다. 바샤르 알아사드 시리아 대통령의 폭정에 저항하는 반군과 정부군 간 내전이 수년째 이어지는데다 2014년부터 세를 불린 급진 수니파 무슬림 무장단체 이슬람국가[IS]가 시리아 영토 절반을 장악하면서 전체 인구 2300만 명 가운데 400만 명 이상이 시리아를 탈출해 난민으로 떠돌고 있다. 난민들의 수는 유럽의 국가인 크로아티아나 알바니아의 인구와 비슷하거나 더 많다. 이들 나라의 영토는 우리와 비슷하지만 GDP는 10배 가까이 낮다. 이들이 독일, 프랑스와 더불어 난민을 도울 여력이 있을까? 반대로 유럽의 국가들이 이들을 돕지 않을 경우에는 어떤 결과를 불러올까?

그리고 이 학생의 두 번째 제안, 즉 난민 문제의 근본적인 해결방법인 전쟁의 종식은 불가능하다. 역사적으로 어떤 전쟁은 이미 끝났다. 그것은 일본처럼 핵폭탄의 위력 앞에 백기를 들고 나와 전쟁을 포기했을 때나 제3국의 개입으로 국제 문서에 사인을 했을 때 또는 많은 인명 피해를 입고 다른 국가로 흡수됐을 때뿐이었다. 하지만 언제 어느 때고 전쟁은 또 일어날 수 있다. 왜? 이 역시 난민 문제를 해결하는 데 보이지 않는 쟁점인 '자국의 이익'과 결부되어 있기 때문이다. 그렇다면 이런 의문을 가질 수 있다. 자국의 이익을 위해 선량한 가면을 쓰고 일부 난민을 구제하는 것을 비난할 수 있는가? 아니면 자국의 이익을 위해 전쟁을 벌여 난민 문제를 일으킨 것을 비난하는 것이 더 마땅한가? 또 이런 질문도 할 수 있다. 난민이 떠나온 그들의 나라로 돌려보낼 방법은 없는가? 그 문제를 해결하기 위해 미국 같은 나라가 강력한 무기를 동원해 난민 문제를 일으킨 전쟁을 끝낼 수는 없는가? 만일 실제로 미국이 무력을 동원하든 외교력을 동원하든 이 문제를 해결하기 위해 나선다면 그것은 옳은 일인가?

내가
수구꼴통처럼 보이지?

"박근혜 정부가 왜 이럴까요? 왜 역사교과서를 국정화하자고 난리죠? 학계가 알아서 해야 할 일을 정부가 앞장서서, 그것도 대통령이 직접 나서는 건 너무한 것 아닌가요? 난 솔직히 역사교과서는 국정으로 바뀌어야 한다는 데는 동의해요. 특히 현대사는 진보 좌파적 입장에서 서술된 부분이 많아요. 중·고교 정경·사회 선생님들이 상당히 왜곡된 시각으로 현대사를 가르치는 건 아닌지 걱정되기도 해요. 역사교과서는 어떤 형태로든 수정되어야 한다고 생각합니다."

나는 평소에 왜곡됐다고 생각하던 현대사에 대해 말했다. 몇몇 학생들의 표정에서 그들이 나를 수구골통으로 생각한다는 것을 알 수 있었다. 내 수업 목표는 시사에 대해 누구나 자신의 의견을 피력할 수 있어야 한다는 것이다. 그러므로 나는 거침없이 내 생각을 밝혔다.

의외로 젊은이들은 근현대사에 대해 잘 모른다. 교과서 중심으로 사고가 굳어졌기 때문에 다양한 역사적 시각을 기대하기 힘들다. 나는 이어서 박정희 전 대통령의 5.16 쿠데타(혁명)부터 그가 1979년 10월 26일 당시 중앙정보부장이던 김재규에게 총탄에 맞아 쓰러질 때까지, 전두환 보안사령관이 정권을 잡고 대통령이 되는 과정, 노태우를 비롯해 김영삼, 김대중, 노무현, 이명박 대통령에 이르기까지 역대 정부의 공과에 대해서도 설명했다.

"이것은 현대사에 대한 나의 견해입니다. 그러나 동조할 필요 없어요. 역사의 실체에 대해 우리는 다양한 의견을 가질 수 있어야 합니다. 역사 교과서 국정화 문제에 대해 다른 의견을 가진 사람들이 있을 거예요. 이것에 대해 나와 토론을 하고 싶다면 언제든 환영입니다."

이날은 이명박 정부의 4대강 사업에 관한 이슈, 세계 최고의 영재가 서울대에 못 간다는 기사, 문재인과 안철수가 첨예한 갈등 국면이라는 기사에 대해서도 언급했다.

이밖에도 여러 이슈와 관련해 생각해볼 거리를 만들어주기 위해 내 의견을 간단히 밝혔다.

"불법체류 문제와 더불어 외국인 근로자를 대하는 우리나라 사람들을 보면 국격國格이 의심스러워요. 우리나라의 국격은 동남아 후진국보다 낮다고 생각해요."

"노동개혁이 뭡니까? 왜 정부와 야당이 치열하게 다툼을 벌이고 있을까요?"

"'프라이카우프Freikauf 방식' 도입하자는 데 여러분의 의견은 어때요?"

프라이카우프란, 옛 서독의 동독 반체제 인사 석방사업으로, 동독에

돈을 주고 정치범을 데려온 방식을 말한다.

"나라를 지키다가 다친 장병 치료비를 직접 내라고 하는 것이 국가입니까?"

시사 이슈 리스트 (9월 7일~9월 12일)

- 한국사 교과서, '國定' 밀어붙일 만큼 충분히 준비됐는가?
- 스페인도 노동개혁 끝에 3년 만에 공장·일자리 늘렸다(라호이 총리의 뚝심 정책 추진)
- 배임罪, 필요하지만 모호한 조항은 손질해야
- '불량 수류탄' 의심스러운 신병 훈련장 폭발 사고
- 세계 최고 컴퓨터 英才가 서울대에 입학할 수 없다면(입학 허가? 규정대로?)
- 중구난방 野 집안싸움, 어디까지 추락해야 정신 차릴 건가?(문재인은 왜 그런 승부수를?)
- 숨어 사는 아이 2만 5000명 … 인권 차원에서 품어야 (외국인 불법체류자)
- 터무니없이 비싼 중도해지 수수료, 담합 아닌가?(대출 갚는 데도 4% 이자)
- '부자 포럼'(세계경제포럼)도 지적한 한국 사회의 불평등(경제성장에 비해 분배 미흡)
- 책임 추궁 없이 세금만 퍼붓는 '4대강 사업 뒤처리'(4대강 사업의 공과)
- 대구에선 與 의원 모두 빼고 인천선 野까지 초대한 대통령
- 이상득, '포스코 의혹' 떳떳하다면 국민 앞에 설명하라
- 뻥뻥 뚫리는 사이버 보안을 방치할 것인가?(이지스함 전술 시스템 해킹당해, 한국수력원자력, 농협 전산 시스템 등 이미 해킹당한 바 있음)
- 집 세 채 있어도 건보료 안 내는 사람이 68만 명이라니
- 세금으로 로스쿨 간다는 국회사무처의 특권의식
- 노동개혁 앞서 공공부문 임금 착취부터 바로 잡아라

- 구직 포기 청년 늘어나는데 정부는 무얼 하고 있나?(NEET족도 크게 늘어)
- 단발성 南北 이산 상봉 합의, 아쉬움이 더 크다('프라이카우프' 방식 도입하자)
- 日 '한인 原爆 피해자' 판결, 아베부터 역사적 책무 깨달아야
- 정부의 국가채무 관리 의지가 의심스럽다(645조, 7년 전 111조 불과, GDP의 40%)
- 위기의 자동차산업, 고용—임금 빅딜로 돌파구 찾아야(도요타, 폭스바겐보다 임금 높고 생산성 떨어져 그런데도 현대차 파업 결정)
- '희망과 비전'이 안 보이는 내년 예산안(386조 원)
- 벤틀리—페라리 부부의 수상한 돈 끝까지 조사하라(불법 사이트 운영 벼락부자/ 20대 부인)
- 원화 가치 1200원대 급락 심상찮다
- 다수가 여성인 시대에 여전한 여성 차별(최초로 여초 현상 그러나 여성 차별 여전)
- 뭐 하나 제대로 하지 못한 '국민안전처 체제'
- 한·중 '한반도 통일 논의' 들뜰 때 아니다
- 나라 지키다 다친 장병 자비로 치료받게 할 순 없다(현 규정 30일 지나면 본인 부담)
- 자숙해야 할 홍준표 지사 공무원 골프 대회 열다니
- 신경숙 이어 박민규 표절… 한국 문단 단단히 고장 났다
- '빚내서 집 사라'는 정책의 걱정스러운 결과(하우스푸어 생길 가능성)

불법체류자, 대안은 무엇인가

○○○

　지난 2일, 세 살배기의 생명이 차가운 바다에서 숨을 거뒀다. 아일란 쿠르디. 시리아 난민이었다. 난민이란 조국에서 더는 정상적인 삶을 영위할 수 없을 때 다른 나라로 피하는 사람들을 일컫는 말이다. 최근 시리아 내전으로 난민들이 유럽 전 지역으로 대피하고 있다. 유럽은 이 문제로 골머리를 앓고 있다. 우리나라에도 이와 비슷한 사례가 있다. 오래전부터 사회적인 이슈가 된 외국인 불법체류자 문제다.

　국내에 체류하는 외국인 중 체류 기간을 넘겼거나 혹은 체류목적 등을 위반해 머무르는 외국인을 일컬어 '불법체류자'라고 한다. 현재 우리나라에는 불법체류자의 자녀로 국적이 없는 아이들이 2만 5000여 명에 육박하고 있다. 하지만 이 아이들에 대한 기본적인 사회보장제도가 없어 문제가 되고 있다. 부모가 불법체류자임이 들통이 나면 곧바로 본국으로 송환되기 때문에 자녀의 출생신고는 엄두도 못 내고 있다. 이에 아이들은 교육은 물론 의료 등의 기본적 혜택에서 벗어나 있으며, 인간의 기본적인 권리 또한 누리지 못하고 있다. 과연 부모의 불법체류가 아이들에게까지 영향을 미치게 하는 것은 옳은 일일까.

　죄를 묻더라도 외국인 불법체류자들이 기본적인 권리는 누릴 수 있게 해야 한다. 아이들에게는 최소한의 교육환경이라도 제공하는 것이 바람직하다. 유엔 아동권리위원회에는 '부모의 법적 지위나 출생에 관계없이 모든 아동이 출생신고를 할 수 있도록 보장하라'며 권고하고 있다. 우리나라는 1991년 유엔에서 정한 '아동권리 협약'에 비준했기 때문에 권고안을 지켜야 할 명분이 명확하다. 또 외국인 불법체류자들이 개인적으로 실비보험을 들 수 있게 하여 의료혜택을 받을 수 있도록 해야 한다. 이 밖에도 불법체류자이지만 임산부나 노인과 같은 사회적 약자들은 우리 국민들의 복리후생과 비준하는 권리를 누릴 수 있도록 해야 한다.

한편 외국인 불법체류자에 대한 우려도 크다. 외국인 불법체류자들이 권리를 누릴 수 있도록 주장하는 의견은 많지만, 의무를 부여하는 데는 모호한 점이 있기 때문이다. 앞서 말한 권리들은 인간이 기본적으로 살아가는 데 필요한 최소한의 것들이다. 하지만 의무를 부여하려면 그들을 자국민으로 봐야 하는지의 여부가 먼저 결정돼야 한다. 실제로 새누리당 이자스민 의원의 '이주아동 권리보장기본법안'에는 교육, 육아, 의료, 복지에 관한 권리들만 명시되어 있을 뿐, 의무는 언급하고 있지 않아 여론의 많은 질타를 받았다. 감정적으로 그들을 대하는 것보다 이성적이고 현실적인 법안을 만들어야 한다는 여론도 거세다.

우리가 외국인 불법체류자들을 대할 합리적인 방안은 무엇일까. 답은 아주 간단하다. 그들을 있는 그대로 바라보되, 오해와 동정을 하지 않는 것이다. 우리나라 국민 정서상 외국인 불법체류자들을 바라보는 시선은 곱지 않다. 외국인 노동자 하면 사회적으로 문제를 일으키는 사람들이라는 인식이 깊게 박혀 있다. 하지만 2014년 통계청에서 시행한 불법체류자 관련 범죄 수치에 따르면, 외국인 불법체류자가 피의자가 되는 경우보다 피해자인 경우가 과반수를 차지한다. 죄의 경중을 따질 수는 없지만, 우리는 그들에게 피의자가 될 수 있다. 그러므로 우리는 그들을 낮춰보지 않고 동등한 입장에서 바라보아야 한다. 그들의 피부색과 불법체류자 신분, 그들의 처지에 대해 섣불리 오해하거나 동정해서는 안 된다. 이성적이고도 냉철한 사고로 그들과 함께 이뤄나갈 수 있는 사회에 대해 공감대를 형성하도록 우리 모두가 노력해야 할 것이다.

외국인들이 자녀의 출생을 등록하려면 자국의 대사관을 방문해야 한다. 그러나 대사관에는 불법체류자의 장기 체류에 관한 비자가 등록되어 있지 않기 때문에 자녀의 출생 등록과 더불어 부모는 강제로 출국 절차를 밟는 셈이 된다. 부모의 국적이 한국이 아니므로 한국에서 등록할 수 없고, 그 나라 대사관에 등록하면 쫓겨나기 때문에 자녀는 무국적자가 될 수밖에 없다.

우리나라는 '부모가 한국인이어야 자녀도 한국인'이라는 속인주의를 원칙으로 하되 국적에 관계없이 자신이 출생한 지역에 따라 국적을 결정하는 속지주의를 보충하고 있다. 일부 사람들은 이를 이용해 미국이나 영국에서 자녀를 낳아 복수 국적을 갖도록 한다. 우리나라는 복수 국적을 허용하지 않지만, 만 20세가 되기 전에 복수 국적자가 된 사람은 만 22세가 되기 전까지 하나의 국적을 선택하도록 한다. 즉, 만 22세 이전에는 두 개의 국적을 가질 수 있다. 반면 한국에서 태어난 외국인의 자녀들이 한국 국적을 취득하려면 부 또는 모가 대한민국 국민이어야 한다. 단, 대한민국에서 출생한 외국인이 한국 국적을 취득할 수 있는 경우는 부모가 분명하지 않거나 국적이 없는 경우에 한한다. 또 추가 사항으로 둔 '대한민국에서 발견된 기아'일 경우에도 한국 국적을 취득할 수 있다.

그렇다면 여기서 2015년 8월에 조사된 우리나라의 외교관 자녀의 복수 국적에 대해 살펴보자. 미국은 속지주의가 원칙이기 때문에 미국 영토 내에서 아이가 태어나면 그 아이의 부모가 불법체류자이건, 여행자이 건 상관없이 그 아이는 미국 시민권자가 된다. 단, 외교관 자녀에 대해서 는 예외를 두고 있다. 우리나라 외교관의 자녀는 152명이 11개국에 체류 하고 있는데, 그중 90%인 135명이 미국 국적을 갖고 있다. 이들은 어떻 게 복수 국적을 취득할 수 있었을까? 외교관 명단에 등록되지 않는 영사 관 근무 때 또는 외교관이 되기 전에 미국에서 태어난 경우라 할 수 있다. 이것은 불법은 아니지만 엄연한 탈법이며, 일부는 병역이나 납세의 의무 를 회피하는 데 악용하기도 한다.

우리의 자국민은 이렇게 법을 교묘하게 이용하는데, 한국에서 태어난 불법체류자들의 자녀들은 자신의 존재를 인정받지도 못하고 있다. 심지 어 불법체류자라는 사실이 들어날까 두려워 숨어 산다.

불법체류자 자녀의 출생 등록을 받으려면 법을 고쳐야 한다. 그러나 법무부는 많은 사람들이 아이들의 출생 등록을 받으면 불법체류자들이 더 오래 한국에 머물면서 돈을 벌지 않겠냐는 시각을 갖고 있다며 법을 고치려면 국민적 공감대가 필요하다는 이유를 들었다. 하지만 우리의 부 모 세대들도 과거의 그들처럼 살지 않았던가.

이 과제물에서 주장하는 것처럼 실제로 법을 고치는 건 쉽지 않다. 법 무부의 말처럼 국민적 공감대도 얻어야 하고 국회에서 법안이 통과돼야 한다. 다행히 한국은 융통성을 발휘하기로 했다. 국적이 없어도 미성년자 는 단속하지 않는다. 아이를 미행해서 부모를 적발하지도 않는다. 아이들 은 기본적으로 의무교육을 받을 수 있다. 고등학교는 교장 재량에 맡겼 다. 교장이나 교사는 학생의 부모가 불법체류자라는 사실을 신고하지 않 아도 된다. 다만 불법체류자임을 들켜서 쫓겨날 것을 두려워하여 기본교육의 기회마저 놓치고 있는 그들의 마음이 걱정이다.

최근에는 저출산과 고령화로 저성장하고 있는 우리에게 한국어도 잘하고 한국의 상황을 잘 아는 불법체류자들의 자녀가 효율적인 노동력이 될 수 있다는 의견도 나오고 있다. 한국어와 모국어를 자유롭게 구사하는 이들이 두 나라의 경제·문화 교류를 이어줄 잠재력을 갖고 있기 때문이다. 그렇다면 우리는 이들을 우수한 인력 자원으로 키워내기 위해 어떤 고민을 해야 할까? 그들이 불법체류자를 부모로 두었다는 이유만으로 잘못된 길로 나아간다면 그 책임은 누구에게 물을 수 있을까? 성인이 된 그들을 차별로 인한 실업 또는 불안정 노동으로 내몰지는 않을까?

불법체류자들은 말 그대로 불법을 저질렀다. 그러나 이제는 그들이 자녀를 착실히 키워 대한민국의 미래를 이끌어나갈 자산을 남길 수도 있다는 점에서 그들에게 어떤 기회를 줘야 하는지 생각해볼 때다.

혹독한
자아비판

"굿 모닝~"

"굿 모닝 교수님!"

나의 인사에 학생들은 반갑게 나를 맞아준다. 그리고 언제나처럼 출석을 부른다. 참고로 내 수업에 대리출석은 없다. 나에게 출석부는 야전에서 하는 점호와 같다. 인생의 전투는 누구도 대신할 수 없지 않은가.

나는 주말 내내 꼼짝없이 매달려 첨삭한 학생들의 과제물을 나눠준다. 한 명 한 명 이름을 불러가며 과제물을 나누어주면서 첨삭 내용을 반드시 숙지하라고 일침을 가한다. 아마도 학생들은 내가 첨삭한 내용을 보고 고개를 절레절레 저었을 것이다. 오탈자, 미디어 글쓰기의 오류, 논리의 부적정성 등에 대해 신랄한 비판을 해놨기 때문이다. 나는 과제물을 받아가는 학생들의 이름과 인상착의, 표정 등을 유심히 읽어낸다. 왜냐하면 그들은 한 학기 내내 나와 호흡을 맞춰야 하는 나의 선원들이기 때문이다.

아직도 숨겨진 보물을 찾아 떠나는 해적선에 올랐다는 것을 잘 모르는 학생들은 과제물의 분량을 지키지 않거나 출처 명기도 없이 다른 곳에서 인용하거나 퍼온 글을 써서 제출하기도 한다. 나는 그런 글에는 가차 없이 최하점을 매긴다. 대개 누구나 범할 수 있는 공통된 실수나 오류가 있을 때에는 공개적으로 지적하기도 한다. 나는 이를 '자아비판'이라 한다. 이런 비판의 시간은 꽤 오래 지속된다. 나는 이 자아비판을 매주 한다. 아마도 학생들에게는 매우 부담스러운 시간일 것이다. 하지만 몇 주만 지나면 자기 노력에 대한 보상을 받게 된다는 것을 그들도 곧 알게 된다. 보통 성적이 공시되기 전까지는 그들은 자신의 과제물이 어떤 평가를 받는지 전혀 알 수 없다. 그러므로 이의제기를 하기도 어렵다. 그러나 '자아비판' 시간을 통해 곧장 점수를 확인할 수 있고, 다음번 과제를 제출할 때 부족한 점을 채워서 더 좋은 점수를 받을 수 있다는 장점이 있다. 학생들의 '자아비판'에 대한 평가는 긍정적으로 변한다.

'자아비판' 후 학생들의 과제물 발표가 이어진다.

'경제력 갉아먹는 좀비 기업, 이대로 바라볼 것인가'를 발표한 학생들도 과제를 해내기 전에는 용어도 낯설고 무슨 내용인지 몰랐다. 하지만 서로 정보를 공유하면서 새로운 사실들을 알게 되었다고 했다. 불과 지난주만 해도 이들의 글은 거칠고 첨삭할 것이 많았다. 하지만 그들은 몇 번의 '자아비판' 시간을 통해 점차 나아졌다. 더욱이 '경쟁력 없는 기업은 빨리 구조조정하여 퇴출하자라고 결론을 내렸을 정도로, 학생들은 선택한 주제에 대해 그들의 목소리를 내기 시작했다.

한국 경제력 갉아먹는 좀비 기업, 이대로 바라만 볼 것인가?

오○○ 임○○ 정○○ 문○○

'좀비 기업'은 수익을 내지 못하면서 금융지원을 받아 연명해나가는 기업을 뜻한다. 빚을 얻어 간신히 연명하는 것이다. 통상 이자보상배율이 1미만이 좀비 기업에 속하는데, 영업이익으로는 원금은커녕 이자조차 갚지 못함을 의미한다.

LG경제연구원이 최근 628개 비금융 상장기업을 대상으로 부채상환 능력을 분석한 결과, 좀비 기업은 2010년 24.7%에서 2015년 1분기에는 34.9%로 크게 늘어났다. 상장 제조업체 3곳 중 하나꼴로 이자도 제대로 내지 못하는 지경이다.

한국은행은 '좀비 기업'을 '한계기업'으로 정의했는데, 이들 조사에서도 상장기업 가운데 3년 연속 이자조차 갚지 못하는 한계기업이 2009년 12.8%에서 2014년 말에는 15.2%로 증가했다. 당연히 부채규모도 늘었다.

좀비 기업이 늘어난 이유는, 경기가 좋지 않아 상환 능력이 떨어진 일부 기업이 구조조정이나 혁신 같은 성과를 높이려는 노력을 기울이지 않았기 때문이다. 국제금융위기 이후 국내 자본시장이 안정되어 위험기업들이 자금을 조달할 수 있게 되면서 차입금으로 생존하게 된 것도 한 원인이다. 이에 국책은행은 좀비 기업을 받쳐주는 꼴이 되고 말았다. 국책은행은 본래 일반 상업금융의 취약점을 보완하고 잠재력 있는 회사를 경제적으로 지원하기 위해 만들어졌다. 하지만 주먹구구식 설비투자 지원으로 좀비 기업을 양산하고 결국 정부 자금에 의존하는 형태를 보이고 있다.

자회사를 늘려가며 자기 잇속 챙기기에 눈이 먼 국책은행과 이를 묵인하는 정부로 인해 구조 조정이 지연되면 충당해야 할 국민의 혈세가 늘어나게 된다. 지난 이명박 정부 때 부실 저축은행에 대한 과감한 구조조정을 하지 않고 미룬 결과, 20조 원에 가까운 자금을 들여야 했다. 더는 이런 실책을 되풀이해서는 안 된다. 좀비 기업은 자금의 효율성을 떨어뜨리고 시장 수급구조를 악화시킨다. 특히 좀비 기업의 부채가 금융 시스템에 부담을 줘 경제 전반의 위기로 번질 수 있다. 좀비 기업들이 존재하는 한 경제는 살아날 수 없다. 당장 구조조정에 나서지 않으면 후일을 기약할 수 없다.

2015년 9월 17일 금융위원회는 3개월간 대대적으로 추진해온 부실기업 구조조정 전문회사 신설을 급작스럽게 백지화했다. 대신 부실채권 관리회사인 '유암코(연합자산관리)'를 기업 구조조정에 활용하기로 했다. 유암코는 이미 수년 전에 6개 시중은행이 1조 5000억 원을 출자해 만든 회사라 추가 출자 부담이 없다. 굳이 돈을 또 걷어 회사를 설립하려던 정부는 3개월의 시간을 허비한 것이다.

정부는 우리의 경제력을 갉아 먹는 좀비 기업을 더는 가만히 두면 안 된다. 경기를 살리기 위해 추진했다는 정부의 저금리 유지부터 다시 검토해야 한다. 저금리 때문에 기업들의 부채에 대한 부담감이 무뎌졌기 때문이다. 또한 금융사에서 신용평가를 엄격히 하는 등 기업의 위험성을 철저히 파악하고 회생가능성이 없는 곳은 재빨리 구조조정을 하는 모습을 보여야 한다. 명확한 기준에 따라 회생 가능성이 없는 부실기업은 과감하게 정리하고 성장 가능성이 높은 기업에 더 많은 지원과 관심을 쏟는 게 마땅하다. 한국 경제의 안정성을 위해 이번 금융개혁이 잘 이루어져야 한다. 정부는 실책을 되풀이하기보다 확실히 금융개혁을 하겠다는 의지를 보여줘야 한다.

수족관의 물고기(학생들)는 수족관에 있어서 멀리 나가지 못했을 뿐 얼마든지 잘헤엄을 칠 수 있다는 것을 증명하는 듯했다. 학생들은 이 발표를 통해 정책과 금융, 기업에 대한 역학 관계를 어느 정도 알아가고 있었다.

좀비는 아이티 지역의 토속종교인 부두교에서 비롯됐다. 주술에 의해 움직이는 시체를 뜻한다. 실제로는 일종의 가사 상태로 만드는 약을 희생자에게 먹여 장례를 치른 뒤 노예로 부리던 것을 좀비라고 한다. 경제에서도 좀비처럼 시체 같은 상태로 존재하는 기업들이 있다. 이것이 좀비기업이다. 회사가 망하면 끝이라고 생각하겠지만, 은행이나 국가가 긴급 유동성 지원이나 채무조정, 공적자금 투입 등으로 일시적으로 기업을 살려 둔 것이다. 좀비는 시체가 살아서 움직이지만 사람이 될 수 없듯이, 이들 기업들도 회생하기는 했지만 경영정상화가 이뤄지지 않거나 더디다.

좀비 기업이라는 말은 1990년대 초에 미국의 저축대부조합 부실사태에서 비롯됐다. 저축대부조합은 우리나라의 저축은행과 비슷하다. 1980년대 이후 완화된 규제 덕분에 저축대부조합은 일반 대출 및 신용카드를 취급하며 상업용 부동산에도 관여할 수 있게 됐다. 특히 보험사 등에서 시작한 모기지론이 점차 저축대부조합의 대표적인 상품이 되면서 이들이 일으킨 대출로 시장에 거품이 일었다. 대출은 거품과 연관이 있다. 부동산을 구입한 사람들 중에는 대출 이자보다 미래의 수익이 더 클 것으로 판단하여 은행에서 대출을 받아 투자를 한다. 하지만 생각보다 가격이 오르지 않고 이자를 갚을 수 없게 되면 부동산을 급하게 판다. 결국 수요보다 공급이 많아지면서 부동산 거품이 꺼지게 된다. 넘쳐나는 자금을 대출로 써버린 저축대부조합에게 파산은 자연스러운 수순이었다.

그러나 정부는 회계규정을 완화하는 식으로 문제를 더욱 키우고 말았다. 사실 전문가들은 이들의 쏠림형 대출 포트폴리오, 낮은 자기자본비율 등을 진작부터 우려해왔다. 그리고 이들에 대해 정리하기 시작한 1989년에는 실질적으로는 지급불능 상태였다. 그러나 정부가 유동성 자금을 지원하면서 이들 기업이 회생이 가능한 것처럼 보이게 된다. 당시 에드워드 케인스Edward Keynes 미국 보스턴 대학 교수가 이들 은행이 "회계상으로도, 실질적으로도 죽었지만 살아 있는 것처럼 군다"라고 한데서 좀비라는 말이 널리 확산되었다. 이후 미국의 《타임스》가 2002년 일본의 경제 상황을 다루면서 본격적으로 '좀비 기업'이라는 단어가 쓰였다. 일본의 잃어버린 10년이 그것이다.

이미 두 나라의 사례를 접했으면서도 왜 우리 정부는 전철을 밟은 것일까? 왜 이제 와서 좀비 기업을 압박하려는 걸까?

좀비 기업이 도산할 경우 금융권의 부채가 디폴트(국가 부도)로 이어질 가능성이 크기 때문이다. 아울러 은행이나 금융권이 대출을 꺼리고 안전하게 운용하려는 성향이 커지면서 대출시장이 급격하게 얼어붙는다. 그러면 일반 우량기업들까지 자금을 조달하는 데 어려움을 겪게 된다. 즉 좀비에게 물리면 또 다른 좀비가 탄생하는 것처럼, 연쇄적으로 좀비 기업이 탄생할 수 있다. 심지어 좀비 은행이 탄생하지 않으리라는 법도 없다.

2016년 4월 1일 《뉴스웨이》의 기사에 따르면, 산업은행은 2015년에 1조 8951억 원에 달하는 순손실을 냈다. 외환위기를 겪은 1998년에 4조 8894억 원의 적자를 낸 이후 최대 규모다. 대우조선해양, 현대상선, STX조선해양 등이 부실화하면서 충당금이 대폭 늘었고, 보유 주식 가치가 급락했기 때문이다. 충당금이란 부채에 대한 손비를 준비하기 위해 설정하는 계정을 말한다. 산업은행의 충당금은 2014년 1조 8614억 원에서 2015년에 3조 2974억 원으로 급증했다.

더욱이 우리나라는 급격한 고령화, 잠재성장률 하락, 가계부채 증가, 미국의 금리 인상으로 많은 압박을 받고 있다. 과거 이명박 정부 시절 30개 저축은행에 대한 구조조정을 미룬 결과 20조 원을 투입해야 했던 것을 떠올려봤을 때, 산업은행·수출입은행 같은 국책은행들이 끌어안고 있는 조선, 건설, 해운, 철강 등 300여 개의 부실기업을 처리하는 비용은 천문학적일 것이라는 건 누구라도 알 수 있다.

현재 대한민국은 국가와 기업, 가계 등 경제 주체가 모두 빚더미에 올라앉았다. 이들 부채를 모두 합치면 5000조 원이 넘는다. 정부 입장에서는 좀비 기업의 구조조정을 통해 은행 자금이 성장성 있는 기업에 투자되면 일석 삼조의 기회를 얻을 수 있다. 첫째, 좀비 기업을 솎아내 악화일로를 걷고 있는 경제 위기를 차단하고 경제 회복의 기회를 마련할 수 있다. 둘째, 효율성 있는 투자를 유도해 경제 안정성을 확보하고 산업 경쟁력을 되살릴 수 있다. 셋째, 일자리 창출로 국민의 신뢰를 얻을 수 있다. 그러나 이것은 긍정적인 측면만을 본 것이다.

반대로 좀비 기업들에 종사하는 근로자들은 어떨까? 분명 그들에게는 위기일 것이다. 직장을 잃고 더는 안정적인 삶을 살 수 없다는 불안함을 느낄 것이다. 만일 당신이 좀비 기업에서 일하고 있다면 어떤 생각이 들 겠는가? 과연 정부의 지령을 받은 은행들은 자신의 몸을 벨 수밖에 없는 칼을 휘두를 수 있을까?

여기서 우리는 미국과 일본 등의 사례를 충분히 알고 있으면서도 이 러한 위기를 불러온 정부의 안일함을 파헤쳐보는 것도 좋을 것이다. 명확 한 가이드라인으로 공정하고 형평성 있는 대책으로서 구조조정을 해나 갈 수 있는지도 지켜봐야 할 것이다.

4 · 13 총선 직후 기업 구조조정 논의가 본격화되면서 좀비 기업 정리 를 위한 '여야정협의체' 구성이 가시화되고 있다. '늦었다고 생각할 때가 가장 빠른 때'라는 말이 떠오르는 이슈다.

시사 이슈 리스트(9월 14일~9월 19일)

- 미국 경기 우려 가중시킨 미국 금리동결
- 물수능이 반수생 양산한다
- 롯데가 거듭나려면 재벌 행태 바로잡아야(국감장에서 국회의원 저질 질문 논란)
- 日 안보법안 최종통과… '전쟁할 수 있는 일본' 됐다
- 국책은행이 껴안고 있는 좀비 기업들 언제 정리할 건가?(대출금 미회수 52조 원)
- 20년째 '세계 最惡' 소리 듣는 대한민국의 전투적 노조(예:한국 GM)
- 野 이어 與도 한바탕 계파 싸움 시작하나?
- 8년 곡절 겪고서야 겨우 모습 드러낸 제주 해군기지
- 기독교장로회 '세금 납부 결의'를 환영하며
- 아파트 주민과 경비원의 상생(성북구의 한 아파트 사례, 강남구 사례)
- 정치적 의도 짙어 보이는 '전방위 인터넷 압박'(네이버, 다음 등)

- 청년 일자리 대책, '官製 펀드' 아닌 투자 활성화가 정답(기부 강제한 '청년희망펀드'로 청년고용 해소될까?)
- 경쟁업체 헐뜯는 '비방 마케팅'엔 重罰 내려야
- 수입차 특혜 논란, 합리적 세제 개편으로 풀자(2억 이상 87%가 법인차)
- 토익 450점 영어교사 해고할 수 있어야 교육개혁이다
- 노동개혁, 이번에도 공무원은 '無風 지대'인가
- 유책 사유 이혼 불허
- 미·영 선거에 부는 이유 있는 좌파 바람
- 아들이 국적 버리고 군대 안 간 고위직은 공직 떠나라
- '최경환 인턴사원' 채용 비리, 좌시할 일 아니다
- 경찰청장에게 '권총 쏠 줄 아느냐' 試演시킨 野 의원
- 노사정 대타협 부정하는 정신 나간 경제 5단체
- 112 신고 처리 못한 경찰, 민중의 지팡이 맞나?(12일 용산 사건 2012년 오원춘 사건)
- 전업주부 보육 차별 합당치 않다
- 포스코, '철강신화' 이대로는 어렵다
- '노동개혁' 노사정 대타협, 경제 도약의 계기로 살려나가야
- 한때 잘나가던 브라질은 왜 '정크본드 국가'로 추락했나?

청년희망펀드, 정부의 진심이 첫 단추가 되어야

○ ○ ○

2015년 9월, 정부는 사상 최악의 실업난을 극복하고 청년에게 희망을 주자며 '청년희망펀드'를 조성키로 했다. 청년희망펀드는 국민모금을 통

해 펀드를 조성하고, 이것으로 '청년희망재단'을 만들어 청년들에게 질 좋은 일자리를 창출하고자 하는 일종의 모금행사다. 각계의 모금을 독려하기 위해 박근혜 대통령은 첫 번째로 펀드에 가입하며 2000만 원의 일시금과 함께 매달 20%의 월급을 기부하겠다고 밝혔다. 삼성 이건희 회장은 250억을, LG 구본무 회장은 150억을 기부하는 등 국내 여러 기업이 희망펀드 사업에 기꺼이 동참하고 있다. 그러나 순조로워 보이는 시작과 달리 시행 한 달이 지나기가 무섭게, 청년희망펀드의 실효성이 의심받고 있다.

황교안 국무총리는 기업 경영에 무리가 갈 수 있으니 기업의 기부는 받지 않겠다는 뜻을 밝혔다. 그리고 기부보다는 청년 일자리 창출에 힘써줄 것을 당부했다. 하지만 국내 최대 기업인 삼성과 LG가 이미 적지 않은 기부금을 쾌척했고, 현대차와 SK 등의 국내 유수 기업들도 기부에 대해 긍정적으로 검토하고 있다는 입장을 밝혔다. 상황이 여기까지 이르자, 청년희망펀드 기부가 청년실업 해소에 대한 관심도라는 일차원적 인식이 퍼졌고, 많은 기업은 울며 겨자 먹기로 기부행렬에 동참할 수밖에 없게 됐다.

더불어 매일 대통령에게 보고해야 하는 가입자 실적에 따른 압박 탓일까. KEB 하나은행 등 일부 은행에서는 전 직원에게 계좌를 개설할 것을 '강요'했고, 똑같이 실업난을 겪고 있는 파트타이머에게도 가입을 종용한 사실이 밝혀졌다. 뿐만 아니라 정치인들에게는 청년희망펀드가 이미지 쇄신을 위한 하나의 방도로 떠오르고 있다. 2016년도 총선을 앞둔 시점에서 희망펀드 기부는, 국민에게 자신이 얼마나 청년실업 해결을 위해 힘쓰고 있는지 쉽게 '어필'할 수 있고, 대통령의 관심 사업인 만큼 현 정부에 대한 충성도 또한 각인시킬 수 있는 도구가 된 것이다.

　이렇게 모금 단계부터 잡음이 들렸던 청년희망펀드는, 시행 단계에서도 혹평을 듣고 있다. 정부는 청년희망펀드에 모금된 기부액을 이용해 청년해외진출(청해진) 프로젝트, NCS 기반 인재 뱅크 구축 및 채용 연계희망펀드 등의 사업을 추진했지만, 모두 기존 사업과 차별되지 않는다. 심지어 기존 사업들은 사업 시행 후 실업률이 2.5%p 더 올랐다. 실업률 증가에는 다른 요인도 영향을 끼쳤겠지만, 정부가 국민과 기업의 모금까지 받아 야심차게 시작한 사업이 유명무실해졌다는 사실에는 반박의 여지가 없다. 정부는 청년희망펀드를 활용한 혁신적인 사업을 추진하기는커녕, 기존의 사업을 되풀이하는 수준에 그쳤다. 당연한 결과로 큰 실효도 없다. 이쯤 되면 청년희망펀드의 본질이 무엇이었는지조차 의심스럽다.

　정부는 펀드를 모금하기에 앞서 실효성 있는 사업에 대해 최소한이나마 브레인스토밍을 진행했어야 했다. 청년들과 함께 공청회 등을 열어 구직난을 겪고 있는 당사자의 입장과 고충을 듣고, 그에 대한 적절한 대책을 각 분야 전문가와 함께 상의한 후 모금을 시작해도 늦지 않았을 것이다. 만일 문제의 원인을 파악했다면 성급하게 모금을 결정하기보다 정부 예산을 적절히 활용할 방안을 먼저 찾아야 했다.

　정부의 예산 편성은 국가의 여러 문제를 해결하기 위해 큰 계획을 세우는 일이다. 최근 몇 년 간 사회의 가장 큰 위협으로 대두된 것은 청년 실업이다. 정부는 당연히, 예산 책정 시 청년실업 해소를 위한 예산을 비중 있게 마련했어야 했다. 그러나 적절한 예산 안배에 실패했을 뿐 아니라, 문제 해결 능력의 부재를 여실히 보여줬다. 국내에 크고 작은 사건이 터질 때마다 시행되는 국민적 관심과 일회성의 성금 모금은 문제 해결의 정부는 청년희망펀드에 대해 이렇게 설명했다.

"노사정 대타협의 뜻을 이어가기 위해 사회 지도층이 노블레스 오블
리주 정신에 따라 취업 문제로 고통 받는 청년들의 아픔을 해결하는 데
함께 나서자는 취지다. 청년희망펀드는 전적으로 기부를 희망하는 국민
들의 자율적 참여 방식으로 추진될 것이다. 총리, 장관들도 획일적 방식
으로 기부하지 않고, 자율적으로 각자 사정에 맞게 다양한 형태로 기부금
을 전달한다. 정부가 모금 금액 규모에 집착해 강제적 방법으로 진행할
계획은 결코 없다."

그러나 이것은 시작부터 비판을 받았다.

첫째, 정부가 대통령의 말이 떨어지기가 무섭게 전속력으로 청년희
망펀드를 만들었지만, 구체적인 목표액이나 사업계획이 없었다. 2015년
10월 청년희망재단이 출범하고 청년희망펀드를 시행한 지 7개월이 지난
현재, '맞춤형 훈련 알선 및 일자리 연계', 'NCS 기반 인재뱅크 구축 및
채용 연계', '청년해외진출(청해진) 프로젝트', '창업지원 사업', '직업체험
또는 단기취업 기회 제공'을 운영하고 있다. 그러나 맞춤형 훈련 알선 및
일자리 연계 사업은 이미 고용노동부가 수년째 운영하고 있는 '청년취업
아카데미'와 매우 유사하다. 다만 청년희망펀드에는 예체능계 대학 졸업
예정자와 졸업생이 포함된다. 그리고 청년희망펀드 사업 안내에 "정부지
원 훈련의 사각지대 보완"이라는 단서가 붙어 있는 정도다.

'NCS 기반 인재뱅크 구축 및 채용 연계'도 이미 고용노동부가 하고 있

는 사업이다. 오히려 고용노동부의 사업이 대상도 다양하고 지역, 산업 맞춤형 등 구체적인 내용을 담고 있다. 그리고 이미 ‘청년인재은행’도 운영하고 있다.

‘청년해외진출(청해진) 프로젝트’도 고용노동부의 K-Move 사업과 같다. 심지어 청년희망재단 측은 “기존 K-Move 사업의 사각지대”를 보완한다고 설명하고 있다. ‘창업지원 사업’도 이미 고용노동부에서 시행하고 있는 ‘사회적기업 육성사업’ 및 ‘내일배움카드’ 사업과 비슷하다. ‘직업체험 또는 단기취업 기회 제공’도 고용노동부의 2015년 청년고용정책 중 하나인 ‘청년강소기업 체험’에 포함되어 있는 내용이다.

결국 ‘청년희망펀드’라는 거창한 작명에 신경 쓰기보다는 기존의 정부 정책을 개선하면 될 일이었다. 2015년 10월 21일《미디어오늘》에서는 청년희망펀드를 “청년실업에 대한 실효성 있는 대책이 아니라 ‘쉬운 해고’라는 정부 정책 관철을 위한 여론몰이용 이벤트”로 언급하고 있다. “청년희망재단의 사업들이 재탕 삼탕이 될 수밖에 없는 이유는, 사업을 만드는 사람들이 재탕 삼탕이기 때문이다”이라는 비판에 새삼 고개가 끄덕여진다. 또한 “청년희망재단의 황철주 이사장은 박근혜 정부 초기 중소기업청장으로 내정됐다가 사퇴한 인물인데다, 사무국장인 장의성 한성대 교수는 고용노동부 관료 출신”이라며, “노동계에서는 정부가 청년 일자리를 만든다고 하더니 관료 출신 장년일자리만 만들고 있다는 비아냥거림이 나오는 실정”이라는 기사에도 수긍이 간다.

둘째, 국가가 정책으로 풀어야 할 문제를 국민의 책임으로 떠넘기는 셈이 됐다. 펀드는 국민이 가입해야 하므로 소위 ‘관제 펀드’라는 오명부터 새기고 시작했다. 심지어 “국민에게서 삥 뜯는 이상한 정부”라는 말까지 나왔을 정도다.

청년희망재단은 정부가 예산으로 처리했어야 할 일들을 기업들의 선행성 기부금으로 거의 이름만 바꾸다시피 한 기존의 사업들을 이어나가고 있다.

2015년 9월 21일부터 가입이 시작된 청년희망펀드는 2016년 4월 1일 현재 누적기부건수 10만 8886건에, 누적기부금액은 137,980,926,000억 원이다. 한때 "국민들의 관심이 좀처럼 달아오르지 않으면서 당국자들은 노심초사"하고 있으며 "시중은행들은 곤혹스런 표정"이라는 기사를 전하던 때에 비하면 많은 액수가 모였다. 그러나 이 액수에 비해 성과는 아직 미미하다. 청년희망재단은 2016년 2개월 동안 청년 132명이 국내 기업 취업에 성공했다면서 자신감을 보이고 있다. 황철주 이사장은 "청년 인재 매칭사업, 강소기업 취업박람회, 실리콘밸리 진출교육 등 2016년 청년희망아카데미 주요 사업을 통해 청년 12만 5000명에게 취업 기회를 제공하고, 청년일자리 6300개를 새롭게 만들 계획"이라고 한다.

하지만 '신생벤처기업^{Start-up} 인재매칭 사업'은 현재까지 총 취업자가 15명이며, 서비스 대상자가 10만 명에 취업 목표가 5000명에 달하는 '청년일자리 원스톱 정보센터 구축'은 현재까지 성사되지 않고 있다. 구직 청년들에게 취업상담을 해주는 멘토링서비스 사업에서 멘토단은 1000명이 목표지만 현재 351명만 확보했다. 이를 통해 취업한 사람은 50명뿐이다. 청년 희망채움사업도 아직 한 건도 성사시키지 못했으며, 상반기에 예정된 실리콘밸리 진출 프로젝트 교육, 청년 글로벌 취업창업지원 사업은 시작도 되지 않았다.

한 가지 더 짚어보자면, '청년희망펀드'는 말만 펀드지 기부다. 일반

펀드와 달리 운용 수익이 없다. 다만 일반 기부 시 15% 세액공제, 3000만 원 이상일 때 25% 세액을 공제해준다. 모금액 목표도 없다. 청년 고용 절벽이 해소될 때까지 모금은 계속된다. 가뜩이나 경제가 어려운 마당에 주머니마저 가벼운 국민들에게 수익성이 전혀 없는 펀드에 가입하라니. 정부는 언제까지 나라가 어려울 때마다 국민들에게 손을 내밀 것인가?

셋째, 대통령과 국무위원들이 기부에 나서면서 보이지 않는 눈치 보기가 시작됐다는 것이다.

2016년 1월 4일《대한금융신문》에 따르면, 청년희망펀드 모금액 규모가 가장 큰 은행은 우리은행으로 나타났다. 2015년 12월 10일 기준으로 "'은행별 청년희망펀드 모금 현황' 자료를 분석한 결과 13개 은행에 9만 1069건의 계좌가 개설됐으며, 모금액은 259억 9000만 원이었다. 모금액 1위는 우리은행으로 총 77억 1000만원의 금액을 모았으며, 계좌수(인원수) 1위는 KEB하나은행으로 총 2만 5708건의 계좌가 개설됐다." 그러나 이것은 학생이 지적한 대로 많은 사람들이 그야말로 '울며 겨자 먹기'로 기부행렬에 동참한 경우도 포함된다. 2016년 KEB하나은행의 직원 수는 1만 5283명이다. 우리은행은 남녀 정규직 1만 5073명과 계약직 394명을 포함해 1만 5469명(2014)이다. 13개 은행의 평균 직원 수를 어림잡아 1만 5000명으로 본다면, 모두 19만 5000명이 넘는다. KEB하나은행 단독으로만 봐도 전 직원이 모두 청년희망펀드에 가입할 경우, 총 계좌 수의 60%에 근접한다. 물론 그들이 모두 펀드에 가입했다고 단정 지을 수 없지만, 금융사의 직원으로서 회사의 눈치를 보지 않을 수는 없을 것이다.

지금은 모방경제에서 창조경제로 넘어가는 과도기이기 때문에 직업적인 문제가 발생할 수밖에 없다는 황철주 이사장의 말에 일리가 있다.

그러나 이러한 청년들의 문제를 해결하기 위한 정부의 발상과 정책은 여전히 모방에 그치고 있다. 그리고 기업에 의존하는 것도 여전하다. 기업의 뒤에는 조직원의 참여가 이어진다. 그러나 그들이 자발적으로 동참한다고 보기는 어렵다. 경직된 우리 조직 문화를 떼어서 생각하지 않을 수 없기 때문이다. 실제로 일선 영업점에서는 지점장이 가입을 '강요'하거나 이미 가입한 직원들에게는 가족 등 다른 사람의 명의로 추가 가입할 것을 요구하기도 했다. 이것은 해당 펀드를 다루는 금융회사만의 일은 아닐 것이다. 정부는 애초에 기업 명의의 기부는 받지 않겠다고 밝혔지만, 내로라하는 기업 대표들은 이미 가입을 했다. 그렇다면 그들의 직원들이 가만히 있을 수 있을까? 대통령과 국무총리가 가입했는데, 대통령 직속 부서나 국무총리실 직원들이 가입하지 않을 수 있을까? 아마도 그런 사람들 중에 당신이 속해 있는지도 모른다. 이런 '강요'가 숨어 있는 희망이 정말로 우리 청년들의 미래를 보장할 수 있을까?

휴, 이야기가 길었다. 다음 이슈로 넘어가보자.

울지 마,
괜찮아

"예고한 대로 자기소개 시간을 갖겠습니다."

긴장감에 웅성거리는 학생들 사이로 첫 발표자로 베트남에서 온 학생이 교단에 섰다.

"내 이름은 마음이 예쁘고 착하면서 남들에게 잘 배려하라는 뜻이에요. 제가 나중에 커서 좋은 사람이 되어 세상을 아름답게 만들라고 아버지가 지어주신 이름이지요. … 행복이란 잘 먹고 잘 사는 것이 아닌 마음부터 느껴야 한다고 생각해요. 마음만 행복하면 배가 고프더라도 웃음이 나오고, 나보다 더 힘든 사람들에게 내 몫을 나눠줄 수 있어요. 제가 경영학과에 지원한 이유도 마찬가지예요. 제가 사업을 해서 번 돈을 나눠 쓰고 싶어요."

또박또박 한국말로 자기소개를 하는 모습이 매우 감동적이다. 낯선 언어를 극복하기 위해 이 학생은 얼마나 많은 시간 연습했을까.

매주 이어지는 자기소개와 주제 발표를 듣다 보면 나는 깜짝 놀란다. 학생들의 발표를 동영상으로 찍어 그들의 부모들에게 보내주고 싶다. 마치 그동안 이런 기회를 갖지 못해 아쉬웠다는 듯이 학생들은 자신의 사연들을 때로는 수줍게, 때로는 매우 과감하게 발표한다.

어떤 학생은 쭈뼛쭈뼛 몇 마디 하다 말고 소리 내어 울기도 했다. 남들 앞에서 발표하는 것에 공포심을 갖고 있었는데, 그것을 극복하지 못한 것이다. 그런데 그 자리에서 울먹이고 있는 그 친구를 위해 학생 하나가 "괜찮아, 괜찮아"를 외치자, 어느새 강의실에 있는 학생들 모두가 똑같이 "괜찮아"를 외치며 박수로 위로를 보냈다.

나는 그 학생에게 학기가 끝나기 전에 다시 한 번 기회를 주기로 했다.

"넌 할 수 있어, 다음에는 잘할 수 있어."

그 학생은 종강 직전에 다시금 자기소개를 할 기회를 가졌다. 처음과 달리 환한 웃음을 지으며 매우 당당하게 자기소개를 마쳤다. 그 경험을 계기로 그 학생은 인생을 다시 시작하게 됐노라고, 그때 힘을 낼 수 있게 도와준 덕분에 누구 앞에서도 당당하게 말할 수 있게 되었다고 나에게 손편지를 썼다.

4년 내내 아르바이트를 하며 학교를 다녔다는 또 다른 학생은 밥 한 끼, 옷 한 벌 사 입는 것조차 사치라고 생각하며 절약하고 살아야 했다고 했다. 그는 복받치는 눈물을 참으면서 "가난한 사람들을 돕는 사회복지사가 되겠다"라며 자신의 목표를 밝혔다.

나는 자기소개 시간을 통해 학생들의 무한한 가능성을 보았다. 누군가에게 자신에 대해 말한다는 것은 대단한 용기와 솔직함이 필요한 일이다. 또 시사 이슈에 대한 과제물 발표는 상당한 지식과 논리적인 전개 능력이 필요하다. 그런데 자신 없는 목소리로 시작했던 학생들은 발표하는 사이 자신의 특별함을 깨달으며 꿈과 희망을 이야기한다.

부모나 학교 그리고 사회에 의해 사육된 사람들은 대부분 꿈과 희망에 대해 말하는 것을 어려워한다. 당신도 그것을 말하기가 어렵다면, 거울을 앞에 두고 스스로에게 자신을 소개해볼 것을 권한다. 처음부터 말로 하기는 쉽지 않을 것이다. 먼저 자기소개서부터 쓰고, 그것을 떠올리며 당신에게 자신이 누구인지 소개해보자. 분명 당신은 특별함을 발견할 수 있을 것이다.

시사 이슈 리스트(9월 21일~9월 26일)

- 대우조선 勞使 '3조 적자 회사 빨리 망하게 하기' 경쟁하나?
- 경유車들 오염 가스 언제까지 놔둘 건가(폭스바겐 사태 계기로 우리도 점검하자)
  −신뢰의 독일에 치명타 입힌 폴크스바겐의 '디젤 사기극'
- 美中 정상, 北核 도발 확실한 대가 치르게 하라
- 국민연금 소득상한선 올려 노후연금액 높이자(고소득자 많이 내고 많이 받게 하자)
- 교황의 호소에 미국인이 응답해야
- 30대 그룹의 땅 매입 확대, 문제없나?(지난 10년간 여의도 34배 땅 매입)
- 이석채(전 KT회장) 무죄, 검찰권 남용한 '靑 하명 수사'의 예고된 결말
- 軍 복무체제 개편, 공개 논의할 때 됐다
- 청년 절망시키는 公기관 특채비리 청와대는 아는가?
- 새정치민주연합 '革新' 고참들 희생해라(모두 부정적/정청래 의원 사면 도마

위에)

- 세월호 천막은 놔두고 태극기 게양대는 안 된다니(서울시 광장 심의위원회)

- 세수 확보 아닌 탈세 적발 위한 세무조사를(무리한 세무조사 기업 옥죄인다)

- 잘못된 길로 가는 '청년희망펀드'(강제 사례 늘어나, 심지어 비정규직도)

- 美 무기업체(록히드마틴) 장난질과 우리 軍 무능(당하기만 하는 한국) 더는 참을 수 없다(한국형 전투기 차질 빚은 정부, "韓美 관계 최상" 맞나?)

- 결국 '꼼수 增稅' 되고만 담뱃값 인상

- 경기교육청이 퍼뜨리는 이념 편향적 '민주시민' 교육(진보 교육감이 주도)

- 검찰 고위직 출신의 '몰래 변론', 부끄럽지 않나?

- 18년 만에 드러날 '이태원 살인사건' 진상(페터슨 16년 만에 송환)

- 서울대 工大 교수 26명 '메이드 인 코리아'의 위기 지적(우리 경제 샌드위치 극복해야)

 − 중국에도 훨씬 뒤져(과거의 모방경제, 이제는 성장동력될 수 없어)

- 日 안보법 통과, 더 시급한 문제 따로 있다

- '농촌黨' 지키고 비례대표 못 줄이면 결국 의원 수 늘리자는 건가?(선거구 획정)

- 언론자유 침해 소지 큰 '인터넷 신문 규제' 방안

- '하사(下賜)'는 민주공화국의 언어가 아니다

- 살얼음판 세계 경제 아무래도 심상찮다

- '제2의 김일곤' 막기 위해 우범자 관리 실태 점검해야

초고속 경제성장의 후유증에 시달리고 있는 한국

○○○○

한국은 지난 70년간 세계 200여 국가 중에서 정말 바쁘게 열심히 국가 발전을 위해 달려왔다. 외환위기와 글로벌 금융위기를 겪기는 했지만, 2015년 현재 한국은 수출 규모 세계 7위, 무역 규모 8위, GDP 경제 규모 11위의 산업선진국으로 성장했다. 그러나 이것은 겉모습에 불과하다. 지금 한국은 초고속 경제성장의 후유증으로 골머리를 앓고 있다.

최근 세계경제포럼WEF에 따르면, 〈포괄적 성장과 개발 보고서 2015〉에서 한국이 성장 및 경쟁력을 구성하는 '10년간 연평균 1인당 GDP 성장률'과 '10년간 노동생산성 신장률'이 선진국 그룹에서 상위 20% 이내인 1등급에 속했다. 그러나 제도와 정책 등을 감안한 국제경쟁력 지표에서는 중하위권(4등급)으로 처졌다. 소득형평성을 측정하는 빈곤율(중위소득의 절반 이하 소득자 비율)은 최하위인 5등급이다. 세제나 복지 등 재분배 정책이 소득격차를 줄이는 효과에서도 한국은 30개국 중 최하위권을 기록했다. 부자 포럼에서 한국은 경제성장이 1등급인 것에 비해 소득 형평성은 최하위라는 불명예를 얻었다.

산업화가 진행되면서 경제·사회적 불평등 또한 심화되고 있다. 대기업 위주의 경제 정책이 경제발전에는 크게 도움이 됐지만, 특정 산업만을 육성하는 독과점적인 구조는 소득불균형을 더욱 심화시킨다. 정부가 2012년부터 법인세 최저한세율을 3% 올렸음에도 매출 상위 기업들의 법인세 비중은 그대로인 반면에 연구개발 세액공제 등과 같은 세금감면

액은 대기업을 중심으로 대폭 늘어났다. 이와 같은 대기업 중심의 경제구조는 부의 양극화를 심화시킨다.

빈부의 양극화가 심화될수록 그 사이에 끼어 있는 중산층의 입지는 점점 줄어들고 있다. 소득 기준으로 1990년대 초 80%에 육박했던 중산층 비율은 60%대로 추락했다. 중산층 붕괴의 가장 큰 원인은 가계부채와 고용불안이다. 통계청은 현재 가계부채가 1100조라고 발표했다. 최근 부동산비 폭등으로 어쩔 수 없이 대출을 해야 하는 중산층이 늘어나면서 개인의 부채비율이 높아졌기 때문이다. 대출 원금과 이자 외에도 사교육비, 전월세비, 식비 등의 필수적인 지출 앞에서 중산층의 부담은 더해가고 있다.

사회의 고용불안 역시 중산층을 힘들게 한다. 대기업과 중소기업, 정규직과 비정규직 간에 존재하는 불공정한 이중구조를 뿌리 뽑아야 한다. 중소기업의 저임금, 고용불안 같은 문제를 정부는 적극적으로 해결하기 위해 노력해야 한다. 모든 혜택이 대기업에 편중되어 있다면, 노동구조는 양극화되고 결국엔 저성장에 빠질 것이다. 또한 정부는 정규직과 비정규직의 격차를 줄여 노동시장 유연화에 힘써야 할 것이다.

'사회의 허리'로 불리는 중산층은 경제활동의 중심 세력이자 사회통합의 주축이다. 언제 다가올지 모를 경제위기 앞에서 경제를 탄탄하게 다지기 위해서는 중산층을 더욱 두텁게 형성해야 한다. 부자 포럼의 기사는 한국을 향한 일종의 경고다. 단순히 불명예스런 기사로 그치는 것이 아니다. 위기감을 갖고 소득불평등 개선에 힘써야 한다. 부의 양극화가 심화될수록 중산층이 사라지고 있다는 사실을 기억해야 한다. 이것은 실물경기 침체가 장기화되고 머지않아 국가성장을 저해하게 된다는 것을 의미

한다. 정부의 적극적인 경기정책과 노동시장 구조개선을 위한 지속적이고 일관된 노력이 필요한 시점이다.

매년 9월 첫 번째 월요일은 미국의 노동절이다. 2015년 9월 8일 버락 오바마 미국 대통령은 보스턴 노동협의회 노동절 기념 조찬 연설에서 미국 중산층의 가치에 대해 언급했다. 그리고 전 세계에서 유례가 없는 강한 중산층을 만들어낸 신념이 노동운동에서 왔다고 강조했다.

그는 일한 대가로 자존감과 안정감을 보장해주는 직장에 다닐 수 있고, 자녀에게 더 나은 삶을 줄 수 있으며, 근면함과 타인을 존중하는 것의 소중함, 나라에 대한 사랑 등을 가져다준 건 노동운동을 해온 부모님들, 조부모님들, 증조부모님들 덕분이라고 말했다. 주 40시간 노동시간, 시간 외 근무수당, 최저임금, 건강보험과 사회보장연금, 노인의료보험 및 퇴직연금, 그리고 지금은 당연하게 여겨지는 모든 것을 그들이 얻어냈다는 것이다. 그리고 최악의 불경기에 취임한 그의 시대를 회복시켜준 것 또한 노동자이며 중산층이라고 했다. 미국은 2016년 11월 8일 대선을 앞두고 있다. 오바마는 대선과 관련하여 모든 사람이 중산층에 관해 말하고 싶어 한다고 말했다.

오바마가 생각하는 중산층에 대해 알아보기 전에 2016년 4월 총선을 치른 대한민국 각 정당의 중산층을 위한 공약에 대해 알아보자. 여당인 새누리당은 최저임금을 중산층(가계소득순위 25~75%) 하위권 소득수준에 맞춰 단계적으로 인상하겠다고 했다. 그리고 정규직-비정규직 간 격차 해소를 위해 노동계가 줄기차게 요구해온 '동일노동 동일임금' 원칙을 꺼내들었다. 또한 영세-중소기업의 경영난을 악화시키지 않으면서 소

득분배를 개선하기 위해 정부와 저소득층의 부족한 임금소득을 보전해
주는 근로장려세제를 적극 활용한다는 계획이다.

더불어민주당은 2020년까지 중산층 비중 70% 이상, 청년 일자리
70만 개 창출, 소득 하위 70% 노령층 매달 30만 원 지급 등 3가지 70을
달성하겠다며 '777플랜'을 내놓았다. 제1야당을 목표로 하는 국민의당은
의료비 부담완화, 저소득층 복지사각지대 해소, 인구 5000만 프로젝트를
1차로 마련하여 경제주체의 혁신을 유도할 것이라고 발표했다. 대표적인
군소정당인 정의당은 '오후 5시 칼퇴근법'과 '최저시급 1만 원', '근로자
임금 300만 원 시대'를 내세웠다. 그러나 이들은 공약만 내세웠지 어떻게
실천할지에 대한 구체적인 설명은 내놓지 못하고 있다. 또한 현실성 부족
등으로 유권자들의 관심을 받지 못하고 있다.

다시 오바마의 연설로 돌아와서 그가 말하는 중산층의 가치를 보자.

"중산층의 가치란 미국인의 98%에게 세금을 감면해주고 상위 2%에
게 조금 더 세금을 내달라고 요구하는 것입니다. 그것이 중산층 가정을
돕는 길입니다. 우리에게 있어 중산층의 가치는 여러분들의 상원의원들
이 노력해 이루어진 역사상 가장 힘든 월 스트리트 개혁으로 인한 위기
로부터 미국의 평범한 시민을 보호하는 것을 말합니다. 그것은 학자금 대
출을 개조하고 연방정부의 무상 장학금인 펠 그랜츠Pell Grants를 늘려서 모
든 아이들이 대학 교육을 받을 수 있게 하는 것입니다. 그리고 우리는 노
력하는 모든 사람들에게 2년제 커뮤니티 대학을 무료로 다닐 수 있도록
하는 작업을 계속해야 합니다. 그것은 1600만 미국인들이 건강보험 가입
혜택을 얻도록 돕는 것입니다. 미국의 어느 누구도 본인이나 가족 중 누
군가가 아프다는 이유만으로 무일푼이 될 수도 있다는 두려움을 느끼며

살아서는 안 되기 때문입니다.”

우리나라의 정치인들은 중산층에 가치에 대해 어떻게 생각할까? 나는 매일같이 신문을 보며 이런저런 기사를 살펴본다. 그들은 중산층을 위해 무엇을 하겠다는 말들을 한다. 물론 선거철이나 돼야 그런 말을 들을 수 있다. 하지만 그들이 중산층의 가치에 대해 말했다는 것을 본 적이 없다. ‘중산층과 서민의 정당, 합리적 개혁’을 내세우며 2016년 2월 2일 창당한 국민의당의 총재인 안철수와 천정배조차도 중산층의 가치에 대해 언급했다는 기사를 발견하지 못했다.

중산층을 운운하고 그들의 표를 원하는 정치인들은 정작 중산층 또는 중산층이 되기를 바라는 국민들의 생각을 전혀 읽지 못하고 있는 것 같다. 그들은 중산층의 기준에 대해 알고나 있을까? 얼마나 많은 대한민국 국민들이 스스로를 중산층이라 여기는지 알고 있을까?

당신이 생각하는 중산층의 기준은 무엇인가? 미국, 프랑스, 영국의 중산층 기준과 비교해보자. 미국의 공립학교에서 가르치는 중산층의 기준이다.

“자신의 주장에 떳떳할 것, 사회적 약자를 도울 것, 부정과 불법에 저항할 것, 테이블에 정기적으로 구독하는 비평지가 있을 것.”

우리나라보다 GDP가 높은 프랑스의 중산층 기준이다. 프랑스의 제19대 대통령인 조르주 퐁피두George Pompidou가 자신의 공약집에 담았던 〈삶의 질〉에 나온 내용이다.

“외국어를 하나 정도는 할 수 있고, 직접 즐기는 스포츠가 있어야 하며, 다룰 줄 아는 악기가 있어야 한다. 또 남들과 다른 맛을 내는 요리를 만들 수 있어야 하며, 주급을 절약해 매주 이틀은 검소하게 즐길 수 있어야 한다. 일주일에 한 번은 가족과 외식을 할 수 있고, 자녀들이 고등학교를 졸업하면 자립시키며, 환경 문제에 민감할 것."

영국은 옥스퍼드 대학에서는 5가지를 제시했다.

"페어플레이할 것, 자신의 주장과 신념을 가질 것, 독선적으로 행동하지 말 것, 약자를 두둔하고 강자에 대응할 것, 불의·불평·불법에 의연히 대처할 것."

이 세 나라는 자기 계발, 자기주장을 펼치는 능력, 도덕성, 불의와 부정에 대한 인식, 타인과의 관계, 가정생활 등을 기준으로 삼았음을 알 수 있다. 반면 우리나라는 물질적 잣대로만 제시되고 있다. OECD가 통계적으로 정한 바에 따르면, 중위소득자의 50~150%를 버는 계층을 중산층이라 한다. 이를 기준으로 우리나라의 중산층을 살펴보면, 기준 월 소득 354만 원, 자산 규모는 약 2억 5000만 원이다. 그러나 직장인들을 대상으로 설문 조사한 결과는 다르다.

'부채 없는 30평 이상의 아파트 소유, 월 급여 500만 원 이상, 리스나 할부가 아닌 2000cc급 자가용 소유, 예금 잔고 1억 원 이상, 1년에 한 차례 해외여행을 갈 수 있는 여유를 스스로 이룬 사람들'을 중산층으로 보고 있다.

그러나 2015년 12월 2일 NH투자증권 100세시대연구소가 발표한 〈2016년 대한민국 중산층 보고서〉를 보면 이야기가 또 다르다. 중산층을 대상으로 한 설문조사에서 79.1%가 자신이 중산층보다 아래라고 생각하고 있었다. 오로지 19.8%만이 자신이 "중산층이다"라고 대답했다. 또 39.9%의 중산층이 노후에 빈곤층이 될 것이라고 예상했다. 실제로 중산층 응답자 가운데 48.7%는 노후 준비를 하지 않고 있으며, 30.1%는 준비된 노후자산이 없었다. 노후대비용 평균자산은 2660만 원이었다. 따라서 전문가들은 현 중산층들이 은퇴 후 빈곤층으로 하락할 것이라고 진단했다.

단도직입적으로 묻겠다. 당신은 중산층인가? 만일 우리나라의 중산층 기준이 마음에 들지 않는다면, 당신이 정의하는 중산층의 기준은 무엇인가?

중산층이 되기 위한 개인적인 노력은 필수적이다. 이제 총선도 끝났다. 나름 각 당에서 내놓은 중산층 공약들이 지켜지는지 매의 눈으로 지켜보자.

제 인생이
바뀌었어요

나는 무슨 과목 강의를 하든 배상민 교수의 동영상 강의를 학생들에게 보여준다. 배상민 교수는 실용디자인의 선두주자로 알려진 카이스트의 젊은 교수다. 2015년 3월 한 방송사에서 주말 황금시간대인 저녁 8시에 두 번에 걸쳐 그의 삶과 철학을 방송한 후로 일약 유명인사가 되었다. 특히 젊은 세대에게 희망과 용기를 심어주었다.

그는 10대 때 미국으로 유학을 가서 뉴욕 파슨스디자인스쿨에서 공부했으며, 27세에 동양인 처음으로 교수에 임용되었다. 35세부터 카이스트에서 교수로 활동 중이다. 그는 세계 4대 디자인상을 49회나 수상한 경력이 있다.

"배 교수님이 주장하듯 우리에겐 3H[Heart, Head, Hand]와 3D[Dream, Design, Donate]가 있어야 해요."

그는 자신의 인생을 꿈꾸고 디자인했다. 그리고 기부도 한다. 그는 해마다 여름이 되면 학생들을 데리고 아프리카 오지로 간다. 그곳에서 자신이 개발한 친환경정수기, 제습기, 모기 퇴치기를 만들어 아프리카 사람들의 척박한 삶을 개선하고 있다. 또한 나눔프로젝트를 통해 자신의 제품으로 거둔 수익금 중 17억 원을 장학금 또는 기부로 난민들을 돕고 있다.

그는 이렇게 말했다.

"대한민국에서 태어난 것은 1%의 축복입니다. 그 축복을 99%의 사람들에게 사용하세요. 나는 십 수 년 동안 머리에 스쳐가는 아이디어를 다이어리에 일기 쓰듯이 적었어요. 그게 27권입니다. 나는 그것을 실용화하는 데 밑거름으로 활용했어요. 여러분도 하루 5분이라도 한 주제에 대해 깊이 생각하고 적어보세요."

나는 그에게서 한 가지라도 배우면 학생들의 인생이 달라질 수 있다고 믿는다. 우리 대학생들에게는 3H와 3D가 필요하다. 머리에 떠오르는 생각을 이성적으로 정리하고 손으로 적는 습관을 가지면, 어느덧 그것이 꿈이 되고 인생을 디자인할 수 있다. 그리고 언젠가는 도움을 주는 삶을 살 수 있다. 지식이나 학점도 자신의 삶을 이끌어갈 꿈이 있을 때 비로소 의미가 있다. 나는 일기 쓰기를 통해 자기 성찰을 해나가야 한다고 학생들에게 강조하고 또 강조한다. 자기 성찰로부터 자신에 대한 믿음이 생기고 그 믿음이 자신감으로 발전하기 때문이다. 당신이 삶을 디자인하는 데 부족한 것은 무엇이라 생각하는가? 그것을 알고 싶다면 단순한 메모형 다이어리가 아니라 손으로 쓴 문장 형식의 일기를 써라.

시사 이슈 리스트(9월 28일~10월 3일)

- 前국정원장의 상습 기밀 누설, 眞僞 밝히고 책임 물어야(노-김정일 핫라인?)
- 공무원, 低성과자 해고와 함께 임금피크제 도입을
- 英語 절대평가, 이런 제도를 왜 시행하려 하나?
- A급 수배자 잡았다던 신입 여경 알고 보니
- 언제쯤 육아휴직 · 출산휴가 마음껏 쓸 수 있는 나라 되나?
- 총기 사고로 또 10명 사망한 미국, 문명국가인가?
- '토색질' 일삼는 정치인 '낙하산' 폐해의 전형(김성회 지역난방공사 사장)
- 사태를 더 악화시키는 러시아의 시리아 군사 개입
- 김무성 대표와 청와대 갈등 최고조에 달해(왜? 안심번호제도가 뭔데? 청와대 가 공천)
- 교육부 대학지원금 9兆가 '敎피아 비리' 원천이다(훈장 받은 지 27일 만에 구속)
- 선거구 획정위원회 무산
- 10월 아파트 분양 사상 최대, 마냥 좋아할 일 아니다
- 20대, 60대 창업 붐이 반갑지 않은 이유
- 외국인 계절노동자뿐 아니라 가사 도우미도 허용해야
- 너무 심한 '인터넷 매체 중앙 부처 광고' 편파 집행
- 유엔 北核 외교 와중에 '반기문 띄우기' 나선 朴대통령(반기문 총장 새마을운 동 극찬)
- 소비 꿈틀? 한국 경제 봄날은 아직 멀었다

이 수업을 시작한 지 꼭 한 달 만에 한 여학생으로부터 장문의 메일을 받았다.

"시사, 기본상식에 거의 무지했던 저는 부모님이나 남자친구에게 많

은 무시를 당했었어요. 하지만 시사 이슈 수업을 들은 후부터 매일 신문을 읽는 저의 모습에 부모님은 무척 놀라셨죠. 방산 산업 비리와 사드, 아시아인프라투자은행AIIB에 대해 말하는 것을 보고는 입을 다물지 못하셨어요.

대학에 입학했을 때는 정말 답답했어요. 원하던 대학도 아니었고, 학군이 좋은 곳에서 고등학교를 다녔던 탓에 친구들이 SKY 가는 걸 지켜보면서 저 자신이 원망스럽기까지 했어요. 저는 늘 불평불만이었어요. 1학년 때는 재수를 한다고 학교는 쳐다보지도 않았어요. 2학년 때는 편입한다고 난리쳤죠. 3학년 때는 아무 생각 없이 학교를 다녔습니다. 그러다 보니 제가 참 싫었습니다. 매일 노느라 바빴고 스펙은 신경 쓰지도 않았어요. 4학년도 그냥 이렇게 흘러갈 줄 알았어요. 그런데 시사 상식이나 늘려보자는 심산으로 신청한 과목이 저를, 제 인생을 바꿔놓을 줄 몰랐어요. 처음에는 의무로 신문을 봤습니다. 무슨 말인지 하나도 모르겠더군요. 하지만 꾸역꾸역 하다 보니 제가 아는 글들이 올라오고 나중에는 그 기사에 대한 제 의견과 생각까지 생기더라고요. 이런 제 자신이 재미있고 신기하기도 해서 신문과 함께《정의란 무엇인가》를 시작으로 일주일에 한 권씩 책도 읽었어요.《정의란 무엇인가》는 공리주의를 비판하고 있는데, 신문의 공리주의에 대한 기사를 보고 이해할 수 있었습니다. 정말 신기했어요. '이게 바로 아는 만큼 보인다는 말이구나' 하고 깨달았어요.

4학년이나 되서 이런 말을 하는 게 너무나도 창피하지만, 아직 무엇을 해야 하는지 정확히 모르겠어요. 하지만 두려워하지 않고 하나하나 해보려고 합니다."

이 학생은 세상에 대해 관찰자 입장이었는데 참여자가 되었다. 비로소 자신을 발견한 것이다. 나는 이 편지를 읽고 마치 박제되어 있던 사슴이 살아나 풀밭을 질주하는 듯한 생동감을 느꼈다.

종강 후 이 학생은 나에게 또다시 메시지를 보냈다. 이 수업을 통해 정말 간절하게 공부해야 할 이유를 찾았다고 했다. 그래서 그녀가 원하는 대학원에 진학하게 됐다고 했다.

당신도 꿈을 찾은 이 친구에게 박수를 보내고 싶지 않은가.

역사를
배워야 하는 이유

2015년 10월 첫 주 매스컴을 장식한 이슈는 노벨상이었다. 과학상 부문에서는 일본인이, 의학상 부문에서는 중국인이 수상했다. 나는 자기소개 발표와 시사 이슈 과제 발표가 끝나자마자 대뜸 학생들에게 물었다.

"올해 노벨 평화상은 누가 받았는지 아는 사람?"

그러자 한 학생이 튀니지의 어떤 단체라고 곧장 대답했다. 처음에는 수업시간에 입을 여는 것조차 쭈뼛거리던 학생들이 질문에 대답을 할 정도로 여유가 생겼다. 이제 나름 시사 이슈를 열심히 공부한다는 증거다.

노벨 평화상은 '튀니지 국민4자 대화기구'가 수상했다. 아프리카의 이슬람국가인 튀니지에서 일어난 '자스민 혁명'은 이후 아랍권과 아프리카 국가들의 민중봉기를 촉발시킨 마중물 역할을 한 역사적 의미가 있다.

자스민은 튀니지의 국화國花다. 서방 언론이 튀니지에서 일어난 민중봉기를 이것에 빗대면서 '자스민 혁명'이라는 이름으로 굳어졌다.

2010년 12월 튀니지의 남동부 지방도시에서 아직 취업을 하지 못한 한 졸업생이 노점상을 하고 있었다. 그러나 정부의 과잉단속으로 영업을 중단하게 되자 그는 자살을 선택하고 만다. 이 사건을 시작으로 극심한 생활고와 장기집권에서 비롯된 억압통치, 집권층의 부정부패 등 현 정권에 대한 불만에 쌓여 있던 청년층의 분노는 독재 타도로 이어졌다. 여기에 시민들이 합세하면서 전국적인 민주화 시위로 확산됐다. 그 결과 당시 23년간 독재정치를 해오던 벤 알리 튀니지 대통령은 2011년 1월 14일 사우디아라비아로 망명했다.

'자스민 혁명'은 아프리카 및 아랍권에서 쿠데타가 아닌 민중봉기로 독재정권을 무너뜨린 첫 사례가 됐다. 이렇게 시작된 혁명의 불길은 마찬가지로 독재정권에 시달리던 이집트·알제리·예멘·요르단·시리아·이라크·쿠웨이트 같은 아프리카와 아랍국가로 확산되면서 난민들이 생겨났다. 그리고 중요한 역사의 시발점으로 자리매김한 '자스민 혁명'을 주도한 단체가 노벨 평화상을 수상한 것이다.

이 주제는 노벨 평화상에서부터 튀니지 혁명, 민중봉기, 민주화 시위, 난민 문제까지 정치·경제·역사 등 모든 분야를 종횡무진했다. 나는 이어서 TPP^{Trans-Pacific Partnership, 환태평양경제동반자협정} 문제로 화제를 돌렸다.

"중국의 눈치를 보다가 우리나라는 TTP에 가입하지 않았어요. 이러다간 '새'가 될 수 있죠. 그렇다고 중국을 무시할 수도 없는 현실입니다. 우리가 어찌해야 할지 생각을 정리해보세요."

30년 언론인의 경험으로 볼 때 TTP 문제는 기업 공채시험에서 논술이나 면접문제로 안성맞춤이다. 실제로 모 기업의 면접시험에서 TPP에 관한 질문이 있었다고 한다. 몇 년 전에 세계 3대 신용평가기관인 무디스, 골드만삭스, 피치가 우리나라의 신용등급을 한 단계 상향조정했을 때, 나는 이 내용으로 수업을 했다. 당시 신용등급 상향조정이 우리경제에 미치는 영향에 대해 언급하며 면접시험에 출제될 것이라고 장담했었다. 아니나 다를까 국내 모 재벌 그룹 면접에서 이 문제를 다뤘다. 내 수업을 들었던 지원자는 수업 내용을 재현해 최종합격했다.

시사 이슈 리스트(10월 5일~10월 10일)

- 최악의 부실 국감 이대로는 안 된다
- 1조 6000억 퍼붓는 北 노동당 70년 열병식 세계가 비웃는다
- 시민사회 역할 중요성 일깨운 올해 노벨 평화상, 노벨 문학상은?
- 정몽준만 6년 자격 정지, FIFA는 공정한 게임 하고 있나?
- 박근혜 정부 들어 청년고용 되레 줄었다니
- 한글날 되돌아보는 우리의 말과 글(이대로는 안 된다)
- 한국형 전투기 차질, 靑 외교안보팀 책임 피할 수 없다
- 역사교과서 국정화, 결국 대통령 뜻이었나? 왜 이런 무모한 추진을?
- TPP 대응 어찌할 것인가?
- 일본은 21번째, 중국은 첫 노벨 과학상, 우리는?(기능 올림픽 뻥튀기… 노벨 과학상 0… 기술 강국 되겠나?)
- 나라 망신시키는 성형 의료사고 방치할 건가?(중국 의료관광 8만여 명 다녀 감-불만)
- 다시 불거진 '사이버 사찰' 공포(다음카카오 회장 협조하겠다-왜?)
- "청년들에 年 100만 원 살포", 성남市는 무엇을 위해? 왜?
- 폭스바겐 '제국의 몰락'… '역주행의 대가' 100조 원

미국vs중국, 경제패권 경쟁과 중립외교

서○○ 채○○ 명○○ 강○○

최근 우리나라의 경제 기사 중 큰 이슈가 된 사건은 단연 TPP다. 미국과 일본이 주도한 TPP가 타결되었으나 그중 우리나라는 누락되었다는 소식이 들리자 국민들은 혼란에 빠졌다.

TPP는 '환태평양경제동반자협정'의 약자로 미국과 일본이 주도한 다자간자유무역협정이다. TPP의 경제규모는 전 세계의 40%에 육박하며 EU보다 크다. 우리 정부는 이러한 무역협정을 모르고 있지는 않았을 터, 어째서 TPP 가입을 망설였을까?

그동안 우리나라는 지속적으로 FTA를 체결하며 전 세계 경제 영토의 74%와 자유무역을 해왔다. 일본과 멕시코를 제외한 TPP 가입국들과는 이미 FTA를 체결한 상태이기 때문에 굳이 가입을 하지 않아도 된다는 의견도 있다. TPP 가입은 사실상 일본과 FTA를 맺는 효과가 발생한다. 이는 정밀기계, 자동차 등 일본에 비해 경쟁력이 떨어지는 제조업 분야에 타격을 입을 수 있다는 뜻이다.

최근 오바마 대통령은 TPP에 반대하는 미국 연방의회를 설득하면서

"우리가 세계 경제 질서를 만들지 않는다면 중국이 만들 것"이라면서 커지고 있는 중국의 위상에 대한 견제를 이어갔다. 중국은 최근 AIIB(아시아개발은행)을 설립해 영국, 독일 등의 참여를 이끌어내며, 2인자에 벗어나 세계 경제에 영향력을 확대하려는 시도를 하고 있다.

일본과 미국이 한창 TPP를 논의하고 있을 때, AIIB 참여국 중 다섯 번째로 많은 지분을 투자한 우리나라는 제1교역국인 중국과의 FTA에 집중하고 있었다. 우리나라는 무역규모에서 약 25% 차지하는 중국을 선택함으로써 경제적인 실리를 우선적으로 고려한 것으로 판단된다.

미국은 우방국들의 AIIB 가입에 대해 노골적으로 반대해왔다. 이에 대한 견제로 TPP 타결을 서두른 것으로 보인다. 2015년 10월 17일 한미 정상회담에서 미국은 박근혜 대통령의 TPP 가입 의사에 "한국의 관심을 환영한다"라고 밝히는 식으로 시큰둥한 모습을 보였다. 그리고 "한미 FTA 이행을 위한 노력을 강화할 것"이라며 섭섭한 마음을 드러냈다. 이전에 미국이 TPP 논의를 제안했을 때와는 대조적인 모습이다.

이에 최경환 부총리는 "TPP에 어떤 식으로든 참여하겠다"라고 밝혔다. 그러나 이미 늦은 상황에서 가입을 서두르는 것은 독이 될 수 있다. TPP가 타결되기는 했지만 미국과 일본 내에서도 반발이 크다. 의회를 통과하기까지 적어도 2년 이상 걸릴 것이라는 전망도 있다. 현재 우리나라는 전통적인 우방국인 미국과 우리나라에 손을 내밀고 있는 제1교역국인 중국 사이에서 딜레마에 빠져 있다. 수출로 먹고사는 우리나라는 미국 주도의 경제 질서와 중국을 모두 놓칠 수 없다. 반면 미국과 중국의 패권 경쟁에서 중요한 징검다리 역할을 할 수도 있다.

그러므로 우리는 전략적인 모호함이 아닌 확실한 자세를 취해야 한다.

나는 이 과제물에 대한 '자아비판'을 하면서 우리가 역사를 배워야 하는 이유에 대해 설명했다. 역사교과서의 국정화 논란은 지금도 계속되지만, 국정화든 민영화든 역사를 소홀히 다뤄서는 결코 우리의 미래가 보장되지 않는다고 믿는다. 우리가 역사를 배우고 가르쳐야 하는 이유는 과거의 경험을 교훈 삼아 본받을 것은 더욱 발전시키고, 잘못된 역사는 바로잡아 더는 같은 잘못을 되풀이하지 않아야 하기 때문이다.

우리나라는 미국과 중국이라는 고래 사이에서 등 터지는 새우가 되고 말았다. 같은 민족이지만 적이 되어버린 북한이 여전히 존재하고, 단지 '휴전'일 뿐 전쟁이 끝난 게 아닌 우리나라의 상황에서 미국과 중국 둘 중 하나를 선택하는 건 매우 위험하다. 더군다나 자원이 부족한 좁은 영토에서 GDP 약 1조 3,929억 달러로 세계 11위의 위상을 차지하게 된 것을 봤을 때, 이 두 나라와의 관계를 과소평가할 수 없다.

어쨌든 한국은 군사적으로나 경제적으로 이 두 나라와 연관이 깊다. 더군다나 세계의 경제가 이 두 나라의 영향력 아래에 놓이게 된 지금, 어느 한쪽의 손만 잡았다가는 국제 금융시장의 불안 속에서 이리 치이고 저리 치이는 수난의 연속일 수 있다. 이러한 때에 역사에서 해법을 찾아보려는 노력은 어쩌면 실리와 명분을 동시에 얻을 수 있는 유일무이한 힌트나 다름없다.

광해군은 임진왜란이 끝난 지 10년 후인 1608년에 왕위에 올랐다. 그는 자신의 친형인 임해군과 인목대비의 아들인 영창대군을 왕으로 옹립하려는 움직임에 위협을 느껴 1613년 인목대비를 폐위시키고 영창대군을 살해하는 등 반대파 정적들을 과격한 수단으로 제거한 폭군으로 알려졌다. 그리하여 그는 조祖나 종宗의 묘호를 얻지 못하고 연산군과 더불어 왕자 때 이름으로만 기억되는 불운한 왕이다.

하지만 그는 유능한 왕자로서 임진왜란 때에는 임시조정을 이끌며 항일전쟁을 이끌었다. 또한 전쟁을 통해 백성들의 피폐한 삶을 이해하고 대동법, 양전 등의 각종 개혁을 실시했다. 그의 정책 중에서 가장 돋보이는 것은 대외정책이다.

임진왜란 이후 명나라가 쇠퇴하고 여진족의 후금이 강성해지면서 동아시아 질서가 크게 바뀌었다. 일본에서도 도요토미 정권이 무너지고 에도 막부가 수립되었다. 이렇듯 급변하는 국제 정세에 대처하기 위해 광해군은 적극적인 외교 정책을 펼쳤다.

누르하치가 여진족을 통합하고 세운 후금은 만주를 점령했다. 이는 또 다른 전쟁을 예고하는 것이었다. 광해군은 전쟁으로 황폐화된 나라를 돌보는 데 정신이 없었지만, 혹시나 후금이 조선을 침략하지 않을까 예의주시하고 있었다. 후금이 호시탐탐 명나라를 노리는 상황에서 약체인 조선을 가만둘 리 없다고 생각했다. 광해군은 명나라에 가는 사신이나 의주 지방에 있는 정탐꾼을 통해 후금의 소식을 수집하는 등 대책을 세워나갔다.

1618년 후금이 명나라를 침략하자, 명은 조선이 후금을 치는 전쟁에 함께하기를 원했다. 그러나 조선은 전란을 겪은 지 오래되지 않았기에 또다시 전쟁을 할 수 없었다. 그렇다고 임진왜란 때 조선을 구한 명나라의 은혜를 저버릴 수도 없었다. 《광해군 일기》에 이 상황에 대한 광해군의 생각이 잘 드러나 있다.

"제발 고려의 외교를 닮아야 한다. … 이럴 때 고려처럼 안으로 힘을 쌓고, 밖으로 견제하는 계책을 쓴다면 나라를 보전할 수 있을 것이다."

이에 광해군은 묘책을 내놓았다. 명나라가 요청한 원군 1만여 명을 보내면서 장군 강홍립에게 상황에 맞춰 행동하라고 지시한 것이다. 강홍립은 명이 전투에서 밀리자 명나라를 돕기보다는 후금에 투항하는 길을 선택했다. 이로써 광해군은 명나라와 후금의 싸움에 말려들지 않으면서 국방에 주력할 수 있었다.

그 사이 조정에서는 대의명분을 운운하면서 후금과 결전을 벌여야 한다며 큰소리만 쳤다.

"우리는 한심하기 짝이 없다. 겉으로는 결전을 벌이자면서도 막상 서쪽 변경에 가라면 죽을 곳이라도 되는 듯 두려워한다."

광해군은 반대 세력의 반발에도 불구하고 후금과 명나라 사이에 절묘한 등거리 외교를 펼쳤다. 하지만 그는 2년 뒤 왕위에서 쫓겨나고 말았다. 후금의 강세를 예상하지 못한 조정은 광해군이 물러난 지 5년 만인 1627년에 후금의 침입을 받았다. 이른바 정묘호란이 일어난 것이다. 또 9년 후에는 병자호란으로 군신의 맹약을 맺는 굴욕까지 당한다.

현 상황에 비춰볼 때, 실리를 쫓느라 신흥 강자로 급부상한 중국과 손을 잡고 미국의 심기를 건드린다면 우리에게 어떤 위기가 닥칠까? 한국은 북한의 위협으로부터 군사 안보 이익을 추구하고자 미국을 동맹으로 맺었다. 미국은 세계적으로 자신들의 영향력을 행사하기 위해 한국과 동맹을 맺었다. 그러나 노근리 학살사건을 필두로 미선이 효순이 사건, 한미 FTA 반대 투쟁, 강정마을 제주해군기지 저지 투쟁, 광우병 촛불시위,

평택 미군기지 확장 등으로 반미 감정이 고조될 때마다 한미 동맹이 위기를 맞았다.

이때마다 작통권을 둘러싼 한미 양국 간의 기 싸움이 시작된다. 대한민국은 자주 국가이므로 작전권은 우리에게 있지만, 한국전쟁 발발 직후인 1950년 7월 14일 이승만 대통령이 맥아더 유엔군사령관에게 위임하면서 이양되었다. 이후 1954년에 한미상호방위조약이 발효되면서 작전지휘권은 작전통제권으로 명칭이 바뀌었다. 한국군의 작전통제권은 평시작전통제권과 전시작전통제권으로 나뉘어 있다. 평시작전통제권은 1994년 12월 1일 환수되었다. 전시작전통제권은 2012년 4월 17일에 환수할 예정이었지만, 북한의 도발을 우려한 정부와 중국을 견제하려는 미국의 이해가 맞아떨어져 2014년 말로 미뤄졌다. 안보 공백을 이유로 박근혜 정부는 이것을 또다시 2020년 중반으로 미뤘다.

자주 국가로써 작통권의 환수는 당연한 것이다. 하지만 북한의 벼랑 끝 전술과 핵개발, 미사일 발사 등으로 국민들의 불안감이 증폭될 수 있다. 최근에는 사드 배치 문제로 중국의 눈치를 보고 있다. 만일 미국과 중국 간에 무력 충돌이 일어난다면 어떤 일이 벌어질까? 미국이 전시작전권을 가지고 있으므로, 명나라가 조선이 후금과의 전쟁에 참여하기를 원했던 것처럼 우리는 남의 전쟁의 희생양이 될 수 있다.

한편 전통적인 우방국인 미국에 의리를 지키느라 중국의 영향력을 무시한다면 어떤 일이 일어날까? 이 또한 군사 문제와 관련이 있다. 북한과 무력 대치중인 우리나라로서는 중국의 도움이 절실하다. 북한은 경제적으로 중국에 높은 의존도를 보이고 있다. 북한이 소비하는 원유의 90%와 부족한 식량의 절반을 공급하는 만큼 중국이 마음만 먹으면 북핵 해결에 결정적인 역할을 할 것이라고 믿어왔다. 그러나 북한이 4차 핵실험을 감행한 직후, 존 케리John Kerry 미 국무장관의 말을 빌리자면, "중국의 대북제재 방식은 작동되지 않았다."

2015년 9월 3일 중국의 군사력을 세계에 과시한 전승절 기념 열병식에서 박근혜 대통령은 중국 시진핑 주석과 나란히 섰다. 이를 두고 미디어에서는 박근혜 대통령의 미·중 간 균형적인 실리 외교의 성과라며 대대적으로 보도했다. 그리고 북한이 핵실험을 감행했을 때 많은 사람들은 중국이 북한에 압력을 가할 것이라고 믿었다. 그러나 그것은 우리의 착각이었음이 드러났다.

결국 우리나라는 미국과 사드 배치 문제를 검토하기 시작했다. 이에 대해 '중국의 안전이익을 위험에 빠트릴 것'이라며 중국은 사드 배치를 단호하게 반대하고 있다. 한국의 사드 배치와 관련해 구체적으로 이야기가 오고가자 중국은 미국과 협의한 끝에 대북 제재를 실시했다. 그러나 한·미·일을 중심으로 한 국제사회가 기대하는 수준에는 미치지 못한다는 평가도 나오고 있다. 여전히 북한은 미사일을 동해로 서해로 쏘아 올리면서 최대 우방국인 중국에 대해서도 비난을 쏟아내고 있기 때문이다.

중국의 입장이 이해되지 않는 것은 아니다. 중국은 남·북한 모두 관계를 맺고 있는데다 한반도에 전쟁이 일어나면 난민, 핵무기 같은 해결해야 할 골치 아픈 일들이 생기기 때문이다.

2016년 3월 31일 미국 워싱턴에서 열린 핵안보정상회의에서 중국은 더욱 강력한 대북 제재를 약속했다. 그러나 중국이 강력한 대북제재를 이어나갈지 확신할 수 없다. 결국 중국도 자국의 평화와 안정이 우선이기 때문이다.

하지만 언제까지 중국, 미국, 일본 등 주변 열강들에 기댈 수 있을까? 실질적으로 그들에게 세계평화란 자국의 이익을 위한 수단일 뿐이다. 더는 한반도의 평화와 국가 경제의 안정을 위해 어느 쪽의 손을 잡아야 한다거나 눈치껏 중립 외교를 해나가야 한다거나 하는 고민은 필요 없다. 만일 반드시 선택을 해야 한다면 그것은 한시적이어야 한다. 외교적 무기인 국력이 탄탄해질 때까지 말이다. 우리는 그 시기를 앞당기기 위해 더욱 애써야 한다.

정부보다 국회보다
너희가 더 낫다

이번에 가장 많이 다룬 주제는 역사교과서의 국정화 문제였다. 나는 학생들의 과제물을 읽어내려가면서 학생들이 정부나 국회보다 더 생각이 깊고 많은 고민을 했음을 알 수 있었다.

시사 이슈 리스트(10월 12일~10월 17일)

- 한·미 정상의 사상 첫 對北 공동성명(성과 없는 한미정상회담 비난도—KFX 미해결)
- 3년 반 만의 韓日정상회담, 아베의 '위안부 해결' 기대한다
- 바닥 드러낸 정부의 경제운용 능력
- 檢의 포스코 수사, 왜 그리 집요하게 물고 늘어지나?(청와대 하명 수사)

- 오죽 편향됐으면 학생이 선생님을 신고했을까?(전교조 교사의 편향 사례-중학생이 신고)
- 황당한 대선 개표 조작 주장
- '소비자 이익'은 안중에 없었던 블랙프라이데이 행사
- 또 도진 롯데家 형제 싸움, 재벌 개혁이 답이다
- '4대강' 이제라도 거부감 씻고 가뭄 해소에 활용? 제2의 4대강 사업 시작하나?
- 부실기업 정리, 어느 實勢 눈치 보느라 총선 뒤로 미루나?
- 안이한 대응에 대한 '메르스의 재반격'
- 국립대학 총장직선제 왜 논란?(해야 하나, 말아야 하나?)
- 국회의원 선거구 획정 무산, 선거 개혁의 적신호다
- 역사교과서 국정화는 '역사전쟁'이 아니라 '상식과 국격의 파괴'다
- 무리한 '대통령 관심사업'이 정책 실패 부른다
- 기부 위축시키는 소득세제, 그냥 놔둘 건가?

국정교과서 채택은 민주주의의 후퇴다

○ ○ ○

한국사 교과서 국정화를 추진하기 위해 발 빠른 움직임을 보이던 정부가 지난 20일에 열린 당정청 정책조정협의회에서 한국사 교과서 문제에 대해 별다른 논의를 하지 않았다. 내년 총선을 앞두고 민감한 한국사 교과서 문제에 대해 '신중론'을 내비친 정부에 비해 정치권과 학계 그리고 교육권은 아직 시끌시끌하다. 한국사 교과서 국정화 논란은 2004년 국회 국정감사에서 당시 한나라당 권철현 의원이 교과서 좌편향 문제를 들고

나오면서부터 시작됐다. 지난 10일 황우여 교육부 장관은 "올바른 역사를 균형 있게 가르쳐야 한다는 게 소신"이라며 또다시 국정 교과서 논란에 기름을 부었다.

교과서를 검정 여부로 분류할 경우 국정교과서, 검·인정교과서, 자유발행교과서로 나뉜다. 국정교과서는 정부가 집필자를 선정해 직접 발행하며, 국가적 통일이 필요한 교과목 위주로 선택한다. 검·인정교과서는 민간 출판사가 필진을 구성해 집필한 뒤 교육부장관의 검정 또는 인정을 받는다. 자유발행교과서는 자유롭게 교과서를 집필하는 것이다.

광복 후 우리나라의 중·고등학교 역사교과서는 검·인정체제였다. 이후 박정희 전 대통령이 쿠데타 이후 왜곡된 사관을 바로잡고 하나로 통일된 역사를 가르친다는 명분으로 국정으로 후퇴시켰다. 7차 교육과정에 이르러 역사교과서 중 근·현대사 교과서 부분이 검정으로 전환되었다. 현재 검정교과서는 전문성이 부족하여 다량의 오류가 발견되고 있다. 정부는 한국사 교과서의 좌편향적인 면을 줄이고 역사를 객관적이고 중립적으로 가르치기 위해서는 국정교과서를 도입해야 한다며 이를 추진하려고 한다. 현재 한국사 교과서에 문제점이 있으니 검·인정체제를 국정으로 바꾸자는 것이다.

국정교과서는 학생과 교사의 교육권을 침해한다. 대한민국 헌법 제31조에 국민의 교육에 대한 기본권이 명시되어 있다. 이 권리를 구체적으로 보호하기 위해서 교육기본법 제6조에 "교육은 정치적·파당적 또는 개인적 편견을 전파하기 위한 방편으로 이용되어서는 아니 된다"라고 명시하고 있다. 정부가 역사교과서의 서술을 독점한다면 정권이 바뀔 때마다 정치적·파당적인 이유로 교과서의 내용이 달라질 가능성이 있다. 국정교과서는 자율성, 창의성 그리고 역사에 대한 비판의식을 없앨 것이다. 획일적 역사교육의 결과로 민주주의에서 필요로 하는 자율성과 창의성이 사라지게 된다. 역사를 공부하면서 비판의식을 키워야 하지만, 도리어 폐쇄적인 사고를 갖게 될 것이다. 다양성과 개방성도 침해할 것이다. 서양의 선진국들은 검인정을 넘어선 자유발행체제로 가고 있다. 다양한 시각으로 역사를 볼 수 있게 한 것이다.

정부는 국정교과서에 관한 문제를 논의하기보다는 필요성만을 강조하고 있다. 제도를 바꿔서 백지로 시작하기보다는 문제를 고쳐나가는 노력이 우선이다. 법원은 교육부가 고교 한국사 교과서 집필진에게 교과서 내용을 수정하도록 명령한 조치는 적법하다고 판단했다. 교육부는 지난 7월 교과서 검정 시스템을 강화했다. 오류를 잡아낼 제도적 장치가 충분하므로 정부는 국정화를 고집할 필요가 없다.

대학 전공서적처럼 여러 가지 견해를 두어 학생들이 스스로 판단하게 하는 것도 하나의 방법이다. 짧은 교과서 집필 기간과 잦은 교육과정 개정도 바로잡아야 한다. 우리나라는 광복 이후 극심한 혼란 속에서도 검인정을 통해 다양성을 추구했다. 이것이 민주화다. 잘못된 교과서를 통해 왜곡된 역사를 배우는 것을 해결해야 하지만, 민주주의의 퇴보인 국정교과서로 향하는 길을 걸어서는 안 될 것이다.

박근혜 정부는 교과서 국정화를 추진하면서 "국정교과서는 올바른 교과서"라고 했다. 역사의 올바름에 대한 기준은 무엇이며, 누가 정의하는가? 국가에서 올바르다고 하면, 온 국민이 그렇게 믿고 받아들여야 하는가?

한국학 전문가인 시카고 대학의 사학과 석좌교수인 브루스 커밍스^{Bruce Cumings}는 2015년 10월 24일 한국 관련 연구를 하는 학자 154명이 발표한 '한국 역사학자들의 역사교과서 국정화 반대를 지지하는 성명서'에서 이렇게 말했다.

"올바른 역사란 없습니다. 역사란 끊임없는 토론을 통해 진실을 추구하는 과정입니다."

더불어 한국사 교과서를 국정화하기로 한 한국 정부의 결정에 대해 "멍청한 계획"이라고 했다. 또 "박근혜 대통령이 일본 신조 아베 총리에게 놀아나는 것^{playing into the hands of Abe}"이라고 비판했다.

한국과 일본 양국은 2015년 12월 28일 위안부 문제를 타결했다. 한국 정부는 1991년 위안부 피해자인 김학순 할머니의 기자회견으로 문제가 처음 제기된 지 '24년 만에 거둔 성과'라고 자찬했다. 이 합의에서 일본 측은 '군의 관여'와 '책임 통감'을 분명히 밝혔음에도 일본의 2016년 역사교과서를 보면 그러한 점이 반영되지 않았다. 고등학교 교과서에서 기존의 표현인 '끌려갔다'를 '보내졌다'로, '위안부로 끌려갔다'는 '위안부로 전지戰地에 보내졌다'로, '일본군에 연행돼'를 '식민지에서 모집된 여성들'로 바꾸었다. 일본 정부는 이들 교과서에 오류가 없다고 결론을 내렸다. 반면 우리나라는 2016년 초등교과서에 '위안부'와 '성노예'라는 표현을 삭제했다. 이에 대해 온라인커뮤니티는 정부가 일본과 맺었던 위안부 협상과 관련이 있는 것은 아닌지 의혹을 제기하기도 했다. 이 사실만 놓고 봐도 브루스 커밍스 교수가 정확하게 꿰뚫어봤다는 생각이 든다.

박근혜 대통령은 한나라당 대표로 있던 11년 전에 역사에 대해 자신의 생각을 밝혔다.

"역사는 정말 역사학자들과 국민의 몫이라고 생각합니다. 정치인들이 역사를 재단하려고 하면 다 정치적인 의도와 목적을 가지고 하기 때문에 될 리가 없습니다. 나중에 항상 문제가 될 거거든요, 그게 정권 바뀌면 또 새로 해야 하고요."

하지만 이번 교과서 국정화는 역사학계와 교육계의 자정으로 일어난 게 아니다. 오히려 유명 대학 교수들은 집필을 거부했다. 국민의 요구로 시작되지도 않았다. 박근혜 대통령을 필두로 한 정부 주도로 이루어졌다. 그들은 올바른 교과서를 내세웠지만, 집필진과 심의위원을 밝히지 않으면서 올바른 역사를 쓸 수 있는가? 현재 법 규정상으로 국정교과서의 집필진 공개 의무는 없다고 하지만, 집필진들을 제대로 구성한 것인지 의문이 든다.《한국일보》2015년 11월 27일 자 기사 제목을 보자.

"이름만 빌렸거나, 숨겼거나… 국정교과서 집필진 미스터리"

과연 국민들이 국정교과서를 신뢰할까?

국민들이 국정교과서를 신뢰할 수 없는 이유에 대해 학생의 과제물을 통해서도 알아볼 수 있다.

역사교과서, 본인의 꿈이 아닌 대한민국의 꿈을 담아야 한다.

○ ○ ○

'내 꿈이 이루어지는 나라.'

박근혜 대통령의 대통령 후보 시절 대표 슬로건이다. 최근 박근혜 대통령은 슬로건 그대로 본인의 꿈을 이루고 있다. 10월 초, 정부는 '올바른 역사교과서'로 교육해야 한다는 점을 요지로 '국사 교과서 국정화'를 발표했다. 정부는 이번 정권 안에 국정교과서 추진을 완료하겠다는 의지를 확고하게 다졌다. 1년간 국정교과서를 집필하고, 한 달간 심의와 수정을 거쳐 2017년부터 국정교과서를 교육현장에 적용하겠다는 계획을 밝혔다. 교육부는 국사편찬위원회의 역량을 고려했을 때, 1년이라는 기간은 충분하다고 밝혔다. 하지만 이런 결정은 터무니없다. 집필·수정·심의 과정만 해도 1년이 소요될 뿐더러 제대로 된 교과서를 집필하기 위해선 적어도 3년은 투자해야 한다는 것이 많은 전문가들의 의견이다.

국민들의 의견 또한 비관적이다. 많은 역사학자와 교수, 대학생, 언론인 등은 정부의 입맛에 맞춘 교과서가 나올 것이라며 연일 걱정의 목소리를 높이고 있다. 정부는 많은 집필진을 참가시켜 다양한 시각을 반영하겠다고 했지만, 역사학자 대부분이 국정화를 반대하며 집필을 거부하고 있다. 심지어 여당 내에서도 분열이 일고 있다. 이재오 새누리당 의원은 "역사가 권력의 입맛에 맞춰 기술되는 것은 어느 시대든 옳지 않다"라고 했으며, 당 내의 국정교과서를 반대하는 세력도 만만치 않다. 아이러니하게도 통합된 대한민국을 만들겠다던 국정교과서가 벌써부터 정부와 국민 간의 갈등을 야기하고 있다.

많은 이들이 우려하는 국정교과서를 끝까지 추진하려는 정부의 숨은 의도는 무엇일까. 그 답은 박근혜 대통령의 평소 의식을 보면 알 수 있다. 박 대통령은 아버지인 박정희 전 대통령에 대한 부정적인 역사적 평가를 받아들이지 못하는 것으로 알려져 있다. 국정교과서를 감독하는 국사편찬위원장을 대통령이 직접 임명하는 상황에서, 대통령의 시각이 국정교과서에 반영될 가능성은 굉장히 높다. 더불어 교육부가 편찬한 2015년 국정 역사교과서 실험본에 친일 표현을 사용했다. 놀랍게도 5.16 군사정변에 대한 설명도 긍정적으로 서술되어 있다. 정부는 올바르고 균형 잡힌 교과서를 주장하지만, 대통령의 주관이 반영되고 객관적인 평가를 등지는 상황에서 균형이란 것이 의미가 있는지 의문이다.

'사회통합을 위해, 올바른 역사관을 위해'라는 정부의 주장은 그 누구도 반기를 들지 않는다. 순수하게 본 취지처럼 어지러운 현 사회의 바람직한 사회통합을 위해서라면 속아주는 척하며 정부의 노력을 지켜볼 수도 있다. 그런데도 국민들이 반대하고 부정적으로 바라보는 이유는 국정교과서를 집필하는 과정이 올바르지 못하기 때문이다. 또한 교과서에 정부의 의견 즉, 대통령 의견이 반영되기 때문이다. 반드시 시행해야 할 국정이라면, 정부는 더더욱 국민들의 의견을 받아들여야 한다. 역사학자들과 의견을 나누는 공청회나 국정교과서에 대한 우려를 해소하는 자리를 마련했어야 한다.

역사는 객관적인 사실에 대한 주관적이고 정확한 평가의 집약이다. 또 역사란 편하게 받아들일 수 없는 것이며, 아픈 것을 계속 들춰보고 반복되지 않게 배우는 것이 그 의미다. 정부는 독단적인 판단이 아닌 역사의 특성을 반영할 수 있는 대안을 마련하여 보완해 나가길 간절히 바란다.

2016년 4월 2일 새누리당의 김무성 대표는 총선 후보의 지원 유세에서 "잘못된 역사교과서가 부정적 사관을 가르쳐, 사회에 진출한 젊은 청년들이 우리나라를 헬조선이라고 자학하고 있다"고 말했다. 그에 앞서 "대한민국의 경제적 발전과 민주화의 정착을 보고, 전 세계인들이 이것은 기적이 아니면 있을 수 없다고 우리를 높이 평가하며 부러워하고 있는데 정작 우리나라 학생들은 역사교과서를 통한 부정적 사관에 의해 기회주의가 득세하고, 정의가 없어진 태어나서는 안 될 정부라고 배워서 되겠나"라며 "이걸 바꾸기 위해 박근혜 대통령을 중심으로 올바른 역사교과서 만들려는데 이것을 방해한 세력이 더불어민주당"이라고 비난했다. 물론 총선을 앞둔 상황에서 야당을 비난하기 위해 국정교과서의 당위성을 주장했지만, 그는 어떤 교과서로 역사를 배웠기에 이런 말들을 서슴없이 할 수 있는 것인가?

역으로 김무성 대표의 말은 이렇게 해석해볼 수 있을 것이다.

"야당과 잘못된 교과서로 공부한 학생들 때문에 정부가 잘하고도 욕을 먹는다."

대구의 한 초등학교 교사는 4월 4일 자《영남일보》에서 김무성 대표의 말에 대해 이렇게 해석했다.

"이는 자칫 나라는 다 잘 돌아가는데, 지금 사는 형편이 어려운 것은 못난 개인 탓으로 돌리게 만든다. 역사교육은 불행했던 과거를 성찰하여 살펴봄으로써 불행의 원인을 찾아서 그 같은 불행한 일이 되풀이되지 않도록 하자는 노력이다."

초등학교 6학년 사회는 원래 국정교과서다. 그리고 이번 교과서가 이번 정부에서 만든 첫 책도 아니다. 박근혜 정부는 2014년에 16개 학교에서 쓸 실험본을 만들었다. 그런데도 2016년 초등학교 6학년 사회 완성본 교과서를 두고 말이 많은 것은 비문, 부적절한 표현, 편향성 등 124가지나 지적됐기 때문이다. 그중 대표적인 내용을 살펴보자. 5·18 광주민주화운동의 '계엄군'이 그것이다.

"1980년 5월 18일, 광주에서는 민주주의의 회복을 요구하는 대규모 시위가 일어났다. 전두환을 중심으로 한 일부 군인들은 군대를 동원해 이를 폭력적으로 진압했고 이 과정에서 많은 희생자가 발생했다. 5·18 민주화 운동은 아시아 여러 나라가 민주화를 이루는 데에도 영향을 주었다."

5·18 역사왜곡대책위는 광주 민중 항쟁이 왜 일어났는지, 시민들이 참여한 대규모 시위가 왜 오랫동안 지속될 수밖에 없었는지 알 수 없다고 지적했다. "교과서에는 마치 광주에서 대규모 시위가 일어나 신군부가 군대를 동원해 폭력 진압한 것으로 표현됐는데 이는 사실 관계를 뒤바꿔 기술한 것"이라고 설명했다.

이런저런 설명할 것 없이 《두산백과》의 내용을 보자. 뒤바뀐 사실 관계를 단박에 알 수 있을 것이다.

"박정희 대통령이 김재규에 의해 시해됨으로써 박정희 정권이 막을 내리고 대통령 대행체제가 이어졌다. 이러한 불안한 정국을 틈타 신군부세력(전두환, 노태우 등)이 제2군사 쿠데타를 일으켰다.(12·12 사태) 무력으로 순식간에 군부와 정치권을 장악한 신군부세력은 비상계엄령을 다시 선포하고 언론을 통제하는 등 군사통치 시대로 회귀하려는 움직임을 보였다. 유신체제에 이어 민주헌정이 정지되고, 민주정치 지도자들이 투옥되는 등 군사독재가 재발하자 국민들의 불만은 극도에 달하였으며, 이는 전국적인 저항 운동으로 지속·확산되어 갔다. 1980년 5월 15일 전국의 학생 연대가 서울역에 모여 대규모 민주항쟁 시위를 벌였으며, 신군부는 이를 기회로 삼아 1980년 5월 17일 비상국무회에서 비상계엄령 전국 확대를 의결하였다.

1980년 5월 18일 비상계엄군은 전라남도 광주의 각 대학을 장악하고 학생들의 등교를 저지하였다. 이에 울분한 전남대학교 학생들과 비상계엄군 간에 충돌이 일어났다. 계엄군에게 구타를 당한 학생들이 속출하자, 학생들은 '계엄 철폐', '휴교령 철폐'를 외치며 광주의 중심대로인 금남로로 진출하였다. 이를 진압하는 과정에서 계엄군은 학생시위대를 지지하는 일반 시민들도 구타하고 체포하였으며 그 결과 많은 부상자와 연행자들이 발생하였다."

간단히 정리하자면 전국의 학생 연대가 대규모 시위를 벌이자 또 다른 혼란을 막겠다며 지나치게 방대한 군을 동원한 것이 문제가 된 것이다. 엄밀히 말해 계엄군의 무자비한 진압이 원인이다. 하지만 교과서 내용은 대규모 시위 때문에 폭력 진압이 시작됐다고 여길 수 있다. 여기에 광주 시민을 살상하고 잔혹하게 진압한 계엄군을 군인으로 두루 뭉실 표현해 그들의 만행마저도 감추려는 듯한 인상을 준다.

지난 3월부터 아이들이 배우기 시작한 초등학교 6학년 사회 교과서가 이런 식이라면 중·고등학교 교과서도 어떤 식으로 기술될지 충분히 짐작할 수 있다.

그런데 전교조가 세월호참사 2주기를 앞두고 세월호 교과서를 만들어 배포하면서 논란이 제기되었다. 세월호참사는 악마의 여신의 저주로 일어났고 그 악마의 여신은 박근혜 대통령임을 암시하는 내용으로 교육부가 배포 금지를 명령했지만 그들은 배포를 강행했다. 이런 현상을 보면서 국정교과서 추진의 필요성이 또한 거론될 수도 있겠다는 생각이 든다. 한편 총선 이후 유력 제3당으로 떠오른 국민의당이 더불어민주당과 공조하여 국정교과서 폐기 결의안을 추진하고 있다.

과거를 살펴봄으로써 불행의 원인을 찾아서 같은 일을 되풀이하지 않도록 하자는 한 초등학교 선생님의 말을 또다시 빌려 국정교과서에 대한 이야기를 마무리해야겠다.

"슬픔은 슬픔대로, 자랑스러움은 자랑대로, 있는 그대로 가르치는 역사교육과 정치교육, 민주시민교육이 절실"하다.

4장

Pre-Practice

지옥 수업 후반전

포기하지 마,
한 번 더 해봐

중간고사가 끝난 강의실은 이중적이다. 시험이 끝나서 홀가분한 표정을 한 학생이 있는가 하면 이제야 반을 돌았다는 피로감에 지쳐 있는 학생들도 있다. 이번 주에는 '포기하지 마'라는 주제로 박찬호 선수가 '열정낙서'에서 대학생들을 대상으로 한 동영상 강연을 학생들에게 보여주었다.

박찬호는 힘들고 지칠 때마다 거울을 보며 다짐했던 얘기들을 들려주었다. IMF 경제위기로 온 국민이 힘들어할 때 메이저리그 신화를 쓴 박찬호 선호에게도 숱한 좌절의 순간이 있었다. 그는 미국에 처음 가자마자 바로 메이저리그에 진출했다. 메이저리그 150년 역사에 곧바로 메이저리그에 간 17번째 주인공이 된 것이다. 하지만 그는 17일 만에 마이너리그로 떨어졌다. 실력을 제대로 보여주지 못한 그에게 돌아온 냉담한 시선은 그를 움츠리게 만들었다. 마늘 냄새 난다는 소리에 하루에 샤워를 5~6번 할 정도로 그는 동료들의 눈치를 봐야 했다. 어느 날은 그의 얼굴에 껌 종이를 던지면서 놀리는 선수와 싸움을 하게 됐는데, 영어를 잘 못하는 탓에 박찬호만 처벌받고 벌금까지 냈다.

그날 그는 집에 가는 길에 맥주 6개 달린 팩을 사서 먹고 죽어버리려고 했다. 하지만 부모님과 통화를 하면서 잘 지낸다고 거짓말을 할 수밖에 없었다. 그는 울면서 하수구에 맥주를 다 버렸다. 한국 음식도 버렸다. 그때부터 치즈만 먹고 영어 공부를 했다. 한 달 후 그는 더는 냄새 난다는 소리를 듣지 않았다. 그때 '동료들이 날 싫어했던 게 아니라 단지 마늘 냄새가 싫었던 것'이라는 사실을 깨달았다고 한다.

텍사스에 있을 때는 야구장에 가는 것이 두려웠다고 한다. 한국 사람들마저도 '매국노', '먹튀'. '관둬라'라는 말을 할 정도로 그는 야구를 잘하지 못했다. 하지만 자신을 위해 도전하기로 마음먹었다. 마운드에 오르기 위해서는 감독의 눈에 들어야 했다. 그는 냉담하기 짝이 없는 감독님을 대하는 건 식은땀이 날 정도로 힘들었지만, 일부러 감독 방에 들어가서 "하이, 굿 모닝" 하고 인사를 했다. 반복하다 보니 용기가 생겼고 감독도 반갑게 맞아주기 시작했다. 그렇게 그는 마운드에 오를 기회를 만들어 나갔다.

2007년에 마이너리그에 있을 당시에는 그의 부모님과 아내마저도 "이제 끝났다"고 했다. 하지만 그에게 "한 번 더 해봐라"라고 말한 사람이 있었다. 바로 자기 자신이었다. 메이저리그 마운드에 한 번만 더 올라섰으면 하는 간절함이 있었다. 마지막 도전이라 여겼던 시도는 124승을 만들어냈다. 그의 팀원들은 그가 아시아 타이 기록을 세웠다며 샤워룸에

데려다 놓고 맥주를 뿌리며 축하를 해줬다. 한때 먹고 죽고자 했던 맥주가 축하의 축포가 되었다.

그는 자신의 이야기를 마무리하면서 청중에게 이렇게 말했다.

"어려움을 극복하는 것. 자기 혼자서 찾아야 합니다. 저도 어떤 날은 '치즈'로 일어서고, 어떤 날은 '감독에게 먼저 이야기'하면서 일어섰죠. 하지만 모두 계기일 뿐이에요. 여러분이 자신을 믿고 순간순간에 집중하면 자기 안의 무한한 에너지를 찾고 확인할 수 있다고 생각합니다."

학생들이 박찬호의 이야기에 조금이나마 힘을 얻었을 것이라고 믿고 그날의 이슈 가운데 우리가 간과해서는 안 될 중요한 것에 대해 강조했다. 중국의 반도체 산업이 삼성을 추월할 수도 있다는 것이었다. 샤오미라는 중국 휴대전화 회사는 중국 내에서는 아이폰이나 삼성 스마트폰을 뛰어넘었다. 이점을 예의주시해야 하는 이유는 우리나라의 경제구도 때문이다. 우리나라는 재벌 의존도가 지나치다. 1976년 국내 최초 자체 모델인 '포니'를 생산함으로써 자동차 역사의 첫 장을 열었던 현대자동자의 아성이 무너지고 있다. 철강과 조선 산업도 위험하다. 이런 상황에 삼성과 LG마저 무너진다면 우리나라의 경제는 상상 못할 타격을 받을 것이다.

시사 이슈 리스트(10월 19일~10월 24일)

- 軍과 靑 안보 라인의 잇단 거짓말, 언제까지 국민 속일 건가?
- 중국 등 거센 도전에 직면한 한국 반도체 산업
- 빚에 의존한 3분기 1.2% 성장률 손뼉 칠 일 아니다

- '대기업 팔 비틀기' 우려되는 청년희망펀드(삼성 이건희 회장도 참여)

- 총선 앞두고 '방송 벌점' 강화, 박 대통령 뜻인가?(선거방송 오류 잡기 위해?)

- 대우조선 勞使, 퇴출시키지 못할 거라 믿고 배짱 튕기나?(퇴출시켜서 정신 차리게 해야)

- 嚞 회동, 자기 생각만 상대방에 '통보'하려면 뭐 하러 만났나?(소통 절벽만 확인)

- 창조경제와 '노벨상 조급증' 버려야 노벨상 탈 수 있다(Next Decade 100프로젝트)

- 클래식 강국 확인시킨 쇼팽 콩쿠르 우승

- 세정그룹 박순호 회장 "되는대로 취업하는 '포인트 없는 청년'은 성공 못해"

- 식당·병원 예약 부도^{No-Show}내면 위약금 물리는 관행 자리 잡아야

- 사이버보안법 팽개쳐 北 해커에 문 열어준 국회의원들

- '자위대의 北 진입' 논란의 쟁점은?

- 알바 학생 피눈물 빼놓고 집안싸움에나 몰두하는 롯데

- 북 해외 주재관들 대거 脫北, 상층부 붕괴 조짐인가?

- '친박 총선' 위한 찔끔 개각… 장관 자리가 그리 가볍나?

- 아빠와 아이 교감 시간 하루 6분, 사회·가족이 무너졌다

- 기업도 원칙 지켜야 고객의 막무가내 '갑질' 기업 사라질 것

- TPP 가입, 미국도 반기지 않고 일본은 오히려 반대?

- "중국에 할 말 하라"는 美 지적, '박근혜 외교' 중간 평가?

거센 도전에 직면한 한국 반도체 산업

○ ○ ○

삼성전자, SK하이닉스와 같은 반도체 기업을 필두로 한국의 반도체 산업은 약 10년간 세계 반도체 시장의 점유율 70%가량을 유지하며 1위를 굳건하게 지켜왔다. 지난해 국내 반도체 수출액은 72조 원으로 전체 수출액의 11%를 차지한다. 우리나라의 주요 수출 산업이라 할 수 있다. 하지만 순조롭게 보이는 국내 반도체 산업에도 위기가 올 것으로 보인다. 시장 점유율 2위를 차지하는 일본은 반도체업계 전반에 투자하려고 하고 있다. 국제반도체장비재료협회SEMI는 일본의 반도체 시장이 크게 성장할 것으로 전망했으며, 한국 이전에 반도체 강국이던 미국 역시 한국의 독주를 막기 위한 대규모 투자를 감행했다. 가장 주목할 것은 중국의 움직임이다. 이미 우리나라의 주 수출품목인 자동차, 스마트폰, 가전제품 시장에서 저렴한 가격과 뛰어난 품질로 국내 기업들을 위협하고 있다. 반도체 시장에서도 거대한 자본을 바탕으로 기업합병과 기술의 연구개발 등에 아낌없는 투자를 하고 있다.

지난 9월 중국 최고의 명문대로 손꼽히는 칭화대에서 1988년 설립한 산학연계의 기업인 '칭화유니그룹'이 세계 최대 HDD(하드 디스크 드라이브) 기업인 웨스턴디지털의 대주주가 되어 큰 화제가 되었다. 칭화유니그룹은 세계 3위 반도체 기업인 마이크론 테크놀로지의 인수를 제안했지만 미국 정부의 거절로 기각되었다. 그러나 2013년 스프레드트럼, RDA마이크로일렉트로닉스 등 중국 내의 반도체업체를 인수하고 미국

HP의 중국 내 서버 네트워킹 사업부를 인수하는 등 규모를 계속해서 키우고 있다. 짧은 시간 중국 정부의 내수경제를 살리려는 적극적 투자와 계속해서 성장하는 중국의 IT기업들, 이미 정상에서 안주하고 있는 국내 반도체 산업에 대한 정부의 무관심이 맞물려 이러한 결과를 낸 것이 아닌가 생각한다.

　세계 IT 산업의 변화는 하루하루가 다르게 역동적이다. 애플과 삼성의 세상이던 스마트폰 시장은 삼성이 잠시 주춤 하는 사이 샤오미, 화웨이와 같은 무시 못 할 상대를 만들어냈다. 이러한 시장의 중심에 있는 것이 바로 반도체다. 아직은 점유율 70%를 기록하며 IT강국 대한민국을 강조하고 있지만, 정상에서 안주하며 2인자 3인자들이 바득바득 이를 갈고 뒤쫓는 소리에 무관심했던 것은 아닌지 반성할 필요가 있다. 중국은 인텔, 퀄컴과 같은 기업의 합작사를 세우고 협력하며 국가적인 차원에서 지원의 끈을 놓지 않고 있다. 하지만 우리는 국내 기업 기술을 지켜야 한다는 생각에 갇혀 있다. 우리 것이 최고라는 생각에 다른 것을 받아들이지 않고 우물 속에서 하늘만 바라보고 있는 것이 마치 현대판 쇄국정책을 보는 듯하다.

　신흥 강자 중국의 움직임만큼이나 일본과 미국 등 기존의 명성을 되찾고자 하는 국가들까지 가세하며 반도체 산업의 싸움은 더 치열해지고 있다. 현재에 안주할 것인가, 앞으로 다가올 큰 변화의 소용돌이에서 우리의 강점인 반도체 산업에 대한 정부, 대학, 기업 등의 적극적인 관심과 지지로 한 단계 더 나아갈 수 있는 계기를 만들 것인가는 앞으로 두고 볼 일이다.

우리나라는 중국의 도전에 어떻게 대응하고 있을까?

아직은 기술을 앞세운 우리 기업들이 우위를 점하고 있지만, 머지않아 중국으로부터 추월을 당할 것이라는 우려 속에서도 우리 정부는 반도체 투자를 줄이고 있다. 2016년 2월 28일《전자신문》에 따르면, 반도체 연구개발 예산은 최근 5년간 감소했고, 해마다 100억 원이 넘던 신규 예산도 2016년에는 아예 편성조차 안 했다. 예산이 줄다 보니 기술개발에 나서려는 고급 인력도 급격히 감소하고 있다. 더욱이 우리나라의 고급 반도체 인력이 중국으로 넘어가고 있는 상황이다.

2016년 4월 4일《아주경제신문》에 따르면, "중국 '반도체 굴기'가 매섭지만, 한국과는 10년 이상의 기술 격차가 전망"되며, "세계 메모리 1위 삼성전자는 업계 2위와도 이미 상당한 기술격차를 벌려놓았다"라고 했다. 그 근거로 3D(3차원) 낸드플래시의 경우를 예로 들었다. "삼성전자는 이미 2013년도에 양산을 시작"했지만, SK하이닉스, 도시바, 마이크론 같은 경쟁사들은 3년 뒤 그것도 하반기에나 가능하다며, "기존 선도업체들도 깨기 어려운 벽을 중국이 깬다는 것은 더욱 상상하기 어렵다"라고 했다.

그러면서 중국의 기술 투자 위협이 과장됐다는 의견도 덧붙였다. 최근 중국 업체는 사물인터넷을 겨냥한 저전력 메모리로 차별화한다고 했다. 그러나 "저전력은 모바일 칩 등에서 중요해 기존 업체들이 사활을 걸고 기술경쟁을 하고 있다"고 할 정도로 아직 어느 나라도 안정적인 기술력을 확보하지 못했기 때문이다.

한 한국반도체연구조합 관계자는 "중국이 한국과 비슷한 수준이 되려면 10년 이상은 걸릴 것 같다"고 말했다. 하지만 다른 나라의 인력 유출이나 기업인수합병 등으로 중국은 빠른 시일 내에 기술력을 확보할 수 있다. 삼성전자 고위 관계자는 "중국이 국내 업체들이 쓰던 반도체 장비를 사놓고 한국이나 대만, 일본 등지에서 기술 인력을 끌어와 생산에만 집중하면 기술 격차는 단기간에 좁힐 수도 있다"라며 우려를 표명했다.

무서운 잠재력으로 도전하는 중국에 대해 우리는 어떤 노력을 해야 할까? 젊은이들의 취업환경도 제대로 만들어주지도 못하는 상황에서 정부의 지원만 기다려야 할까? 반도체업계 퇴직자나 기술자들의 회사에 대한 사명감이나 애국심에 기대야 하는 것일까? 어차피 일본이 미국을, 한국이 일본을 따라잡았듯이 그것이 세상의 이치려니 하고 중국에게 따라잡혀야 할까? 의외로 정답은 간단하다. 그것은 '기술력'이다. 비싸도 살 수밖에 없고 절대 흉내 낼 수 없는 기술을 갖추는 것이다.

KBS 프로그램 〈강연 100℃〉에 나왔던 박진영 씨의 영상을 학생들에게 보여주었다.

의대생인 그는 부모의 이혼으로 할머니 밑에서 자랐다. 하지만 노인정에서 쌀을 훔쳐 할머니 밥을 지어 드릴 정도로 가난했다. 막노동을 하다 허리를 다쳐 아파 누워 있는 할머니를 치료해드리지 못했던 그는 의대를 꿈꿨다. 훗날 가난한 사람을 치료해주는 의사가 되겠다는 그의 이야기에 학생들 몇몇은 흐느끼며 눈물을 흘렸다. 나도 울컥하는 마음에 눈시울이 붉어졌다. 아침 댓바람부터 학생들과 교수가 수업시간에 훌쩍거리는 모습이 상상이나 되나?

점수, 성적 위주의 우리 초·중·고교 수업은 대부분 선생이 앞에서 학생들이 알아듣든 말든, 졸든 말든 수업시간 혼자 떠들다 끝난다. 대학도 다르지 않다. 진정한 교육이란 무엇일까? 학생들이 스스로 느끼고 공부하게 하고 선생과 소통하면서 발전시켜나가는 과정이 아닐까?

그날은 동영상 하나로 학생들도 나도 무언가에 연결되어 있다는 것이 느껴졌다. 드디어 소통이 시작된 것 같았다. 그동안 많은 이슈들을 생각하고 그것을 글로 쓰면서 학생들이 변했음을 알 수 있었다.

시사 이슈 리스트(10월 26일~10월 31일)

- 중국 소비시장 두 배, 우리 경쟁력은?(두 자녀 정책허용 등으로 중국 시장 확대)
- 우리 곁에 로버트 드니로 … 영화 뺨치는 시니어 인턴
- 5대 사정기관장 모두 TK, 이래도 되나?(검찰청장, 국세청장, 공정거래위원장, 감사원장, 경찰청장)
- 세계적 천재 수학자 이임학을 기억하는 국가의 방식
- 해외 건설 저가 경쟁, 값비싼 대가를 치르고 있다
- 한글·영어·서울 시민을 모두 부끄럽게 하는 'I·SEOUL·U'
- 가공육·붉은 고기 불안, 과학적으로 소통해야(과장? 진짜 암 유발?)
- "사드 韓美 논의 없다" 국방부 뻔한 발표 국민이 믿겠나?
- 野에 등 돌린 10·28 재·보선 민심(24개 기초단체장, 광역의원, 기초의원 새정치연합 새누리당에 2대 15대로 대패)
- 문어발 대기업으로 더는 경쟁력 없다(삼성·화학 분야 롯데에 매각)
- 방위산업 비리 근본적 대책은?
- 대우조선에 결국 공적자금 4조 원 이상 투입키로, 총 7조 원? 이게 말이 되나요?
- '손봐주기 식' 포스코 수사의 어이없는 결말
- 국회선진화법이 무엇이며, 현재 상황은?

- 건국 후 첫 제조업 매출 감소, 대한민국號에 울린 경고음

- 신문 읽기 속에 길이 있다

- 한국이 주도한 3년 반 만의 한·중·일 정상회의, 쟁점은?

- '최악의 국회' 19대 의원들 2016년 총선 나갈 자격 있나?(입법가결율 11.5% 역대 최악)

- 기자 94%로부터 불신임을 받은 고대영 KBS 새 사장 후보

- 남중국해(남지나해) 영토 분쟁, 어느 나라들이 분쟁 중인가?

- 국정교과서 때문에 물 건너간 노동개혁

- 정부 국정화 비밀조직, 불법 여부·활동의 타당성 따져야

- 노벨 경제학상 수상자 저서의 왜곡 출판 파문(엥거스 디턴 교수 저서 《좋은 불평등》)

- 인터넷 도박이 국방비 절반, 근절은 포기했나?(26조 원 규모)

시민들이 주도하고 공감하지 못하는 I · SEOUL · U

○ ○ ○

지난달 28일 서울 광장에서 서울시의 새 브랜드 선포식이 있었다. 시민 100여 명과 관련 분야 전문가들이 투표하여 58.21% 지지를 받은 'I · SEOUL · U'가 새로운 서울시 브랜드로 채택되었다. 'Hi Seoul' 이후로 13년 만에 선보인 서울시의 새로운 브랜드다. 서울시는 'I · SEOUL · U'는 서울을 중심으로 나(I)와 네(U)가 열정과 여유로 어우러진다는 의미라고 설명했다. 그러나 새로운 브랜드에 대한 대중의 시선은 냉담했다.

'I · SEOUL · U'에 대한 대중의 서늘한 시선에는 몇 가지 이유가 있다.

첫 번째는 브랜드의 제작과정에 있다. 박원순 시장의 서울시는 '시민 참여'를 모토로 한다. 이에 따라 서울시는 시의 새로운 브랜드를 만들기 위해 1000여 명의 서울 시민과 전문가들의 자발적 참여를 통해 시민 주도로 I·SEOUL·U를 만들었다고 했다. 박 시장은 인터뷰에서 자신은 브랜드 후보 중 하나인 서울링Seouling을 지지하지만, 시민 주도로 만들어지고 선택된 I·SEOUL·U가 최종적으로 서울시 브랜드로 채택되었다고 말했다. 하지만 박 시장의 말과는 달리 시민들이 주도했다고 보기 어렵다. 지난 5월에 시행된 서울시 브랜드 아이디어 공모전을 통해 접수된 1만 6000여 개의 아이디어를 400개로 추리고 다시 3개로 압축하는 과정에서 시민들이 참여한 건 단 하루에 불과했다. 참여한 시민은 시에서 모집한 자원봉사자 442명이 전부였다. 사실상 '서울 시민 1000여 명의 참여'는 과장된 주장이다.

더불어 박 시장은 1년도 채 안 되는 기간에 서울시의 새로운 브랜드를 만들어 선포하고, 경찰의 반대에도 서울역 고가공원을 2017년까지 추진하겠다고 발표했다. 갑작스럽게 정책들을 밀어붙이는 모습에 대선 표심을 의식한 업적 쌓기가 아니냐는 비난이 쏟아지고 있다.

대중이 시의 새로운 브랜드에 공감하지 못하는 두 번째 이유는 브랜드의 의미가 없다는 점이다. I·SEOUL·U라는 브랜드는 영어 문장으로 구성되어 있다. 영어라는 언어로 바라봤을 때 I와 U사이의 SEOUL은 동사의 위치에 있다. 동사로 해석되는 '서울한다'는 무엇을 의미할까? 아이러니하게도 서울시의 상징으로 만든 브랜드가 그 자체로 의미를 되묻는 상황이다. I·SEOUL·U는 서울시를 상징하기 이전에 추가적인 설명이 필요하다는 점에서 브랜드로서 자격이 부족하다. 이런 점에서 시민들이 서울시 홈페이지와 SNS를 통해 게재한 I·SEOUL·U의 패러디들은 브랜드의 의미 결여를 시사한다.

서울시를 홍보하기 위해 시민을 참여시키고 브랜드 아이디어를 공모한 것은 좋았다. 다만 아쉬운 것은 서울시가 서울시 브랜드 아이디어 공모전을 위해 지하철역에 내걸었던 '공무원이 만들면 안 봐도 비디오' 광고처럼 되어버렸다는 것이다. 시민들이 참여했지만 참여하지 않은 이상한 결과가 나온 것이다. 서울시는 다시 한 번 I·SEOUL·U에 대한 시민들의 의견을 조사하고 수용하여 진정으로 시민들이 주도하는 브랜드 아이디어가 도출되도록 해야 한다. 서울시가 주장하는 시민 주도가 빠져버렸기 때문에 시민 공감이 사라져버렸다. 이로써 외국인도 내국인도 이해하지 못하는 의미 없는 브랜드가 만들어졌다.

초점을 맞추기 전까지 햇빛은 아무것도 태우지 못한다는 말이 있다. 서울시는 '시민 참여'라는 최초의 초점을 다시 맞추길 바란다.

"아이서울유(나는 너의 월세를 올릴 거야), I am 강남ed(나 길 막혀서 꼼짝 못해), 아이제주유(나 너랑 쉬러 갈래), 아이코리아유(나는 네게 노오오력을 강요하겠어), 아이인천유(너를 빚더미에 앉게 하겠어), I'm 코엑스ed(나 또 길을 잃었어)."

이것은 인터넷에 검색하면 나오는 서울시의 새로운 브랜드 패러디물들이다. 서울시는 2002년 이명박 전 서울시장이 만든 '하이 서울^{Hi Seoul}'을 대체할 서울 브랜드로 2015년 11월 I·SEOUL·U를 선포했다. 서울시는 지난 1년 간 9억 원을 들여 새로운 브랜드를 공모했지만 비판을 넘어 조롱과 패러디에 시달려야 했다. 서울시는 새 브랜드로 바꾼 이유에 대해

"글로벌 트렌드가 빠르게 변화하고 있어 새로운 도시 이미지를 심어주기 위한 것"이며 "'하이 서울' 문구 하단에 쓰여 있는 'Soul Of Asia'가 2006년 중국에서 사용 허가를 받지 못했기 때문"이라고 덧붙였다.

하지만 14년간 잘 써오던 '하이 서울' 브랜드를 굳이 바꾼 이유에 대해 박원순 시장이 자신의 임기 중에 뭔가 해야 한다는 성과주의 때문이라는 의견이 많다. 심지어 2018년 대선을 위한 치적 쌓기라는 평도 있다. 엎친 데 덮친 격으로 서울산업진흥원에 따르면, '하이 서울' 브랜드 가치가 2007년 105억 원에서 2014년 294억 원까지 상승했다. 상황이 이러하니 국민들의 공감을 얻는 건 애초에 쉬운 일이 아니었다. 개발 과정 예산과 홍보, 마케팅 선포식 비용 등을 제외하더라도 버스와 택시, 휘장, 공공 건축물 등 시설물 교체, 인쇄물 영상물 현장 소통비용, 관광 마케팅, 소셜 마케팅 등 모두 15억 원이나 비용이 추가된다.

여기에서 비판을 받을 만한 점이 또 드러난다. '돈이 무섭고 아까운 줄 모르는 것'이다. 아무리 시민이 참여하고 선택한 브랜드라 하더라도 브랜드 교체가 시민의 세금으로 이루어진다는 점에서 공감을 얻지 못했다. 실제로 기관장이 바뀌면 멀쩡한 로고를 새로 만들고, 홈페이지를 뜯어고치고, 각종 위원회를 새로 구성하는 일이 허다했다. 이는 따지고 보면 불필요한 예산 낭비다.

통계청이 발표한 2016년 2월 소비자물가 동향을 보면, 0%대를 유지했던 소비자물가 상승률이 두 달 만에 1%대로 들어섰다. 그러나 실제로 소비자들의 느끼는 체감물가는 이에 비할 수 없을 정도로 크다. 여기에 매일 식탁에 오르는 채소류의 가격은 9.7%, 최대 124%까지 급등했다. 실생활과 밀접한 서비스 물가도 크게 올랐다. 하수도요금 22.8%, 지하철

요금 15.2%, 시내버스요금 9.6%, 학교급식비 10.1%가 올랐다. 그런데 최저임금은 5580원에서 450원이 오른 6030원으로 8.1%밖에 오르지 않았다.

벌어들이는 것은 적고 써야 할 곳은 많고, 지갑을 열기가 쉽지 않다. 교통(-3.7%), 의류·신발(-4.4%), 통신(-1.7%) 등 줄일 수 있는 건 악착같이 아끼고 있다. 그런데 브랜드 가치가 7년간 두 배 이상 오르고 이미 익숙한 '하이 서울'을 의미조차 제대로 전달되지 않는 새 브랜드로 교체하기 위해 20억 넘는 세금을 들여야 한다니 시민들의 공감을 사지 못했다는 말에 분명 일리가 있다.

어쨌든 갖가지 패러디와 비난과 조롱 속에도 I·SEOUL·U는 서울시의 새로운 브랜드가 됐다. 서울시는 2016년 11월까지 '서울 브랜드 활용 3개년 계획'을 세우고 'I·SEOUL·U'의 전방위적 활용을 통해 글로벌 브랜드로 키워나가기로 했다.

이를 위해 김수현, 닉쿤 등 한류스타를 내세운 TV CF를 제작해 일본, 중국, 동남아 등에서 방송하며 집중 홍보를 벌이고 있다. 앞으로는 I·SEOUL·U의 인지도 및 이해도 제고를 위해 국제 공모전을 추진하고, 핸드폰케이스, 머그컵, 텀블러, 에코백 등 문화상품과 관광기념품은 물론 서울시 브랜드를 활용한 다양한 디자인 상품을 개발·판매할 예정이다. 프로야구 시즌에는 I·SEOUL·U 홈런존을 설치해 홍보에 나선다. 서울 시민카드 사업과 연계해 'I·SEOUL·U 시티카드'도 개발하기로 했다.

서울시가 야심차게 진행하고 있는 이런 일들이 I·SEOUL·U의 가치를 얼마나 올려놓을까? 어쩌면 '하이 서울'의 브랜드 가치인 294억 원에 새 브랜드 개발 및 교체 비용인 24억 그리고 시민들의 세금을 축낸 것에

대한 보상의 의미로 체감 물가 상승률까지 더해야 할지도 모른다. 과연
박원순 시장이 임기를 마치기 전에 해낼 수 있을까?

보수든 진보든
이기주의는 안 돼

나는 보수 우익에 가깝다. 그렇다고 합리적인 진보 좌익과 적은 아니다. 우리 사회는 나와 다른 이념이나 성향을 가진 사람을 적이라고 생각한다. 이념이 다른 정파가 정권을 잡기 위해 싸우면 적이 되겠지만 나와 같은 일반 시민의 경우는 다르다. 내 이념이 보수 우익이라고 해서 진보 좌익인 사람과 싸우진 않는다. 왜 싸우지 않냐고? 싸움은 무엇인가를 얻거나 싸워야 할 이유가 있을 때 하는 것이다. 일상에서 내가 진보 좌익과 싸워 얻을 것이 무엇인가? 나에게 어떤 해도 끼치지 않은 그들과 다투어야 할 이유가 내게는 없다. 단, 지켜야 할 재산이 많거나 권력과 명예를 유지해야 하는 사람은 보수 성향을 지향한다. 반대로 지킬 것보다 얻어야 할 것이 많은 사람은 새로운 변화를 일으켜 기회를 만들어야 하므로 진보 성향을 지향한다.

누군가 그랬다. "재산이 많은 사람이 진보를 자처한다면 그는 야심가 이거나 망상가일 것이다. 반대로 지켜야 할 재산이 없는 사람이 보수를 자처한다면 바보에 불과하다."

나는 《경향신문》 기획에디터 오광수 씨가 2015년 11월 6일 자신의 블로그에 쓴 〈'근혜'와 '영자' 사이〉를 예로 들며 학생들에게 보수 우익과 진보 좌익의 기준에 대해 물었다.

대학생은 무조건 진보적이어야 하고 나이 먹은 꼰대들은 무조건 보수 우익이어야 하는지, 공산주의와 자본주의, 사회주의와 민주주의, 전제주의 국가, 독재국가, 개발독재국가를 어떻게 구분하는지도 물었다.

학생들은 쉽사리 입을 열지 못했다. 나는 그들에게 이렇게 말했다.

"대학생이므로 진보적인 성향을 띠는 것은 얼핏 당연해보입니다. 하지만 대학생이므로 진보적인 척해서는 안 됩니다."

진보와 보수를 선택할 때는 자신의 이해관계를 먼저 알아야 한다. 이념과 철학은 옳고 그름이 아니다. 절대적인 진리와도 다르다. 오늘 진보적인 성향의 사람이 내일 보수적으로 바뀐다고 해서 하등 나무랄 일도 아니다. 자신에게 좋다고 남들에게 좋다는 법도 없다. 그러나 공산주의와 자본주의, 전제국가와 독재국가 같은 개념은 질적으로 다른 문제다. 진보와 보수가 개인적인 이념에서 비롯됐다면 나머지는 체제 문제다. 그 체제가 국가를 형성하고 나면 개인의 선택권은 사라진다. 그러므로 이러한 개념부터 구분할 수 있는 최소한의 지식을 길러야 한다. 세상에는 동전의 앞뒷면처럼 봐야 할 것이 있고, 철도와 비행기처럼 전혀 다른 개체로 봐야 할 것이 있다.

아무리 좋은 체제나 이념도 이기주의와 결합되는 순간 전혀 다른 모양이 된다. 마치 요리도구로 만들어진 칼이 목숨을 위협하는 흉기로 변하듯 이기주의는 진보와 보수, 민주주의와 사회주의, 자본주의와 공산주의를 막론하고 가장 나쁜 감정이다. 그러므로 나는 진보주의자나 보수주의자 중에서 나쁜 사람이 있다고 생각하지 않는다. 욕심과 욕망에 사로잡힌 이기주의자만 아니면 나는 누구와도 친구가 될 수 있다.

이번 주 이슈 중에서 나는 우리나라의 가장 큰 문제 중 하나로 저출산 문제를 지적했다.

"결혼을 해야 애를 낳죠. 결혼을 해도 애를 하나밖에 낳지 않는 시대이기 때문에 인구가 급감하고 있습니다. 일본은 2500년에 땅이 가라앉아 지구상에서 사라진다고 하지만, 우리나라는 사람이 없어서 없어질지도 몰라요. 영토, 주권, 국민을 국가의 3요소라고 하죠. 하지만 땅이 있고 주권이 있어도 국민이 없어 국가가 없어질 판이에요. 중국과 인도가 왜 희망의 나라일까요? 인구가 10억이 넘는 국가들입니다. 인도네시아도 인구가 2억이 넘죠. 인구는 생산의 주체이자 소비의 주체이기 때문에 인구가 많은 나라가 결국에는 살아남습니다. 옛날에는 아이를 너무 많아 낳아 산아 제한을 했었는데, 정말 한 치 앞을 내다보지 못한 우둔한 인구정책이었습니다. 중국을 보세요. 최근 두 자녀 정책을 허용했잖아요. 정부는 국정교과서 운운할 게 아니라 가임 여성이 아이를 마음 편히 낳을 수 있도록 해야 해요. 우리나라는 아이러니합니다. 세계 1위의 저출산 국가이면서 해외 입양 수출 1위 국가예요. 우리의 소중한 인적 자산을 해외에 입양 보내고 있어요. 범국가적인 차원에서 출산을 독려해야 하는 판에 이미 탄생한 아이를 해외에 입양을 보내고 있습니다. 국가에서 아이를 키우든 아이를 키울 수 있는 정책 대안을 만들든 해야 하죠. 국가에서 격대교육에 예산을 지원하면 노후 실업문제도 해결하고 영유아 보육 문제도 해결할 수 있습니다. 격대교육이란, 친조부모나 외조부모가 손주들을 보육하며 교육하면 이를 국가에서 예산 지원을 통해 보장하는 제도를 말합니다. 외국에는 이에 대한 연구가 활발하고 실제로 정책에 반영되고 있어요. 그런데 국내에서는 용어조차도 몰라요. 답답한 일입니다."

나의 열변에 대해 학생들은 어떤 생각들을 쏟아냈는지 살펴보자.

시사 이슈 리스트(11월 2일~11월 7일)

- 국정교과서 추진, 집필자 자진 사퇴-공동 의제
('관제언론'의 국정화 반대 시국선언 징계 협박, 군사 독재로 얼룩진 역사를 군이 서술하겠다니, '국정화 면접' 폭력, 아모레퍼시픽만의 일일까?)
- 한일정상회담 뒷이야기, 딴소리하는 일본(아베 할 말 다했다, 당당했다)
- "이봐 해봤어?" 한국 경제를 만든 기업가 정신(현대 정주영 회장)
- 이런 나라에서 어떤 군인이 목숨 걸겠는가?(목감지뢰 부상자 결국 자기 돈으로 치료)
- 높은 개방 수준의 TPP … 새 통상·산업 전략 시급하다
- 4년 연속 출산율 1위, 해남군서 정부가 배워야 할 것
- 현대車 고급차 시장 진출, 이게 한국 제조업이 가야 할 길
- 세계 5大 통화로 떠오른 '위안화 파워' 대응책 시급하다
- 영세업자 현금결제 허용해야, 카드 사용하라는 이유, 수수료 인하 문제는?
- 9·11 테러 공포 되살리는 러시아 여객기 폭발 사고
- 캐나다의 '성 평등·다문화·소수자 내각'이 전하는 메시지
- 박원순 시장 업적 쌓기 논란(백수 청년 3000명 취업장려금 지급, 용산 고가도로 철거 등)

- 청년펀드 · 청년수당 포퓰리즘으로 취업난 해결되나?
• 한미약품 쾌거로 본 바이오 연구 투자(국내 바이오헬스케어 산업 전기 마련)
• 부실대학 문 닫을 수 있게 확실한 퇴로 열어주라
• 의원 168명 발의한 上告 법원 논의조차 않는 이유 뭔가?
• 국정원 출신의 '가짜 수료증' 사기극, 전말은?

한국의 저출산, 청년들을 위한 정책 세워야

○ ○ ○

합계 출산율이 1.30 이하면 '초저출산국'으로 분류된다. 대한민국이 초
저출산국에 들어선 지 15년째다. 2014년 우리나라의 합계 출산율(여성
한 명이 평생 낳을 수 있는 평균 자녀 수)은 1.21명, 경제적 이유 · 주거와
고용 · 교육 등 사회의 구조적인 문제가 출산율과 연관된 만큼 구호나 단
기 지원책만으로는 효과를 보기 어렵다는 것을 지난 15년이 보여준다.

저출산율이 사회적 문제가 된 요즘, 전국 평균 두 배 이상의 출산율을
기록한 지역이 있다. 바로 '해남군'이다. 전남 해남군의 2014년 합계 출
산율은 2.43명으로 전국 평균 1.21명보다 2배 이상 높다. 해남군은 3년
연속 합계 출산율 전국 1위를 차지했다. 2015년에도 전국 1위를 달성할
것으로 전망된다. 왜 다른 지역에서는 해남군과 같은 출산율 수치를 보이
지 못하는 것일까?

한국에서는 현재 취업, 연애, 결혼을 포기하는 '3포 세대'를 넘어 출산
까지 포기하는 청년들이 늘고 있다. 취업이 되지 않아 청년들은 결혼할

여건을 마련하는 것이 어려울 뿐더러 계속해서 늘어나는 양육비는 기혼 남녀의 목을 졸라매고 있다. 2015년 8월 혼인 건수는 2만 1800건으로 전년 동월 대비 2.2% 감소했다고 한다. 2015년 7월에는 전년 동월에 대비해서 5.6% 감소했다. 계속해서 결혼하는 청년들의 수가 줄어들고 있는 것이다. 가장 큰 원인은 양육비, 신혼집 마련 등 경제적인 문제다. 2012년 보건복지부에 따르면, 출생부터 대학 졸업까지 22년간 소요되는 총 양육비는 3억 869만 원이다. 이 어마어마한 양육비를 감당하기에는 우리나라 청년들은 너무나도 힘이 없다.

해남군은 결혼과 출산을 장려하는 데 많은 힘을 쏟고 있다. 귀농 청년들을 해마다 600여 명씩 유치하고 미혼 남녀들을 대상으로 '땅 끝 솔로 탈출 여행'이라는 만남의 장을 만들어 결혼을 장려한다. 또한 아이가 태어나면 출산 사실을 지역 신문에 광고해 축하한다. 미역, 소고기와 함께 신생아 내의까지 넣어 '산모·아기사랑 산후조리식품 택배'를 배송하는 등 출산 여성에게 많은 혜택을 제공하고 있다. 양육비에서도 파격적인 정책을 내세운다. 첫째 아이를 낳으면 300만 원, 둘째는 350만 원, 넷째 아이를 낳으면 무려 720만 원을 지원받는다. 그 결과 2011년도 1/4분기 157명이던 신생아 수는 2012년 1/4분기에 51명이 증가하여 1년 만에 신생아 수 증가율이 32.5%에 달하는 쾌거를 달성했다.

출산율을 올리기 위해서는 해남군처럼 청년들을 위한 정책과 제도를 실시해야 한다. 그러나 정부는 양육비 예산을 늘리지는 못할망정 내년부터 0~2세 보육료 예산을 약 1500억 원가량 줄였다. 지난달에는 3차 저출산·고령화 기본계획 시안(2016년~2020년)을 발표했지만, 신혼부부 전세 대출 한도를 1억에서 1억 2000만 원으로 늘리는 등 미세한 조정으로 실효성이 의심된다. 옥스퍼드 인구문제연구소에 따르면, 한국은 인구 소멸 1호 국가가 될 것이라고 한다. 이 사태를 방지하려면 정부는 청년들을 공략해야 한다.

저출산은 경제적인 원인이 가장 크므로 정부는 청년취업률부터 높여야 한다. 또한 양육비나 신혼집 마련을 위한 경제적인 지원으로 결혼에 대한 청년들의 경제적 부담을 줄이는 것도 한 가지 방법이다. 청년들이 경제적인 부담을 덜고 결혼과 출산에 대한 두려움을 없앨 수 있다면 저출산 문제는 자연스럽게 해결될 것이다.

정부의 '제3차 저출산·고령사회 기본계획2016~2020년'을 조금 더 들여다보자. "대학(원)생이 임신, 출산, 육아로 휴학할 경우 '2년 이상' 휴학을 보장한다." 휴학을 보장해준다면 대학생과 대학원생들이 아이를 낳을까? 휴학이 저출산 문제를 해결할 수 있을까?

"대학(원)생이 임신 및 출산을 할 경우 2년 이상 휴학할 수 있다는 내용을 대학 학칙에 명시토록 할 방침이다." 일명 '육아휴학제'로, 대통령 직속 저출산고령사회위원회가 내놓은 저출산 대책 중 하나다. 한마디로 어이가 없다. 여기에 덧붙인 이유는 더 가관이다. "고령출산을 막기 위해서 마련했다." 국내 대학(원)은 통상적으로 '일반 휴학'을 1회에 2학기(1년)로, 전체 휴학 기간은 2~3년으로 제한하고 있다. 정부는 대학생, 대학원생에게 장기 휴학을 할 수 있게 하면 고령출산을 막을 수 있다고 본 것이다. 2012년 국민권익위원회에 따르면, "임신·출산·육아를 위한 휴학이 인정되지 않아 제적당하거나 출산을 포기하는 사례가 있다"라고 했지만, 그것은 일부 학생들의 문제다. 휴학 기간이 짧기 때문에 국가적으로 저출산 문제가 생긴 것은 아니지 않은가.

더불어 정부가 '대학원 문화'를 파악했는지조차 의문이다. 한 대학원생은 이렇게 말했다.

"대학원에서는 애 낳으면 끝이라는 인식이 강하다. 교수님들은 제자가 결혼하거나 애 낳는다고 휴학하면 '아 쟤는 다시는 학교로 돌아오지 않겠구나'고 생각하는 경우가 많다. 전공 특성마다 다르겠지만 대부분의 대학원생들은 교수 눈치를 보지 않을 수가 없다. 결혼하면 애 낳아야 하고, 그러면 공부를 할 수 없다는 게 교수들 시각이다."

일부 학교의 경우 대학원 일반 휴학 가능 기간이 5년인 경우도 있다. 그야말로 탁상토론에서 나온 안이한 정책이 아닐 수 없다.

정부는 "지나치게 높은 주택 마련 비용"을 많은 사람들이 결혼을 미루거나 독신을 고집하는 이유로 꼽았다. 이를 해결하기 위해 전세자금 대출 금리를 0.2% 인하하기로 했다. 또 신혼부부가 전세자금을 대출받을 때, 세 자녀 이상 가구에만 적용되던 금리 우대를 두 자녀 이상 가구까지 확대하겠다고 했다. 장기저리 주택 주입자금 대출인 '디딤돌 대출' 금리도 0.2% 추가 우대하겠다고 했다. 대출 금액도 높였다. 수도권 지역 전세자금 대출 상한 1억 원에서 1억 2000만원으로 상향 조정된다.

빚내서 집을 장만하면 결혼을 할 수 있을까? 여차저차해서 빚을 내서 결혼할 경우, 주택을 마련하기 위해 1억 원을 대출받는다면 연 200만 원, 매월 16만 7000원씩 이자를 내야 한다. 이는 매월 생활비, 공과금 등과 함께 추가로 16만 7000원을 지출해야 한다는 의미다. 임시로 큰 구멍을 막았을 뿐 작은 구멍 하나가 새로 생긴 셈이다. 결국 대출도 저출산을 막는 효과적인 대책이 될 수 없다.

박근혜 정부는 청년 실업이 결혼을 미루고 저출산으로 이어진다며, 2015년 12월 28일 "노동개혁을 통해 5년간 37만여 개의 일자리를 창출하겠다"라고 밝혔다. 하지만 그때까지 정부가 내놓은 정책들을 아무리 뒤져봐도 '37만'이라는 숫자를 채울 수가 없다. 디딤돌 사업으로 2017년까지 2만 명 지원, 청년들이 선호하는 중견기업 청년인턴을 현재 1만 5000명에서 2016년에는 3만 명으로 확대, '청년내일찾기 패키지'를 신설해 2016년에 20만 명을 지원한다고 했다. 이 모든 계획이 100% 성공한다고 해도 25만뿐이다. 나머지 12만은 어디로 갔을까?

이밖에 만사는 결혼으로 통한다는 뜻으로 '만사결통萬事結通'을 실시하겠다고 했다. 쉽게 말해 정부가 커플매니저로 나서겠다는 것이다. 대한민국 미혼남녀들이 정부가 뚜쟁이로 나선 단체미팅을 할지도 모를 일이다. 또 혼외 아동 차별금지법 제정, 남성 육아휴직 확대 등의 대안을 발표했다. 여기에 더해 새누리당은 "청년들이 늦게 직장생활을 시작하는 것도 문제"라며 대학 졸업을 2년 앞당기는 학제개편안을 내놓기도 했다.

저출산·고령화 사회 대책은 국정아젠다 제1호 정책이 되어야 마땅하다.

더는 긴말이 필요 없다. 신혼부부에게 1억 원을 주겠다는 허경영의 공약이 더 현실적이라는 우스갯소리가 나올 정도다. 과연 이 계획들을 정부가 오롯이 실천할지 지켜보자.

갑질은
또 다른 테러

"이번 주 이슈는 단연 파리 테러가 되겠군요. IS가 파리에서 사상 최악의 테러를 지질러 150명이 사망했다는 뉴스예요. 그런데 내가 왜 이걸 사상 최악이라고 할까요? 미국 9·11테러의 경우 피해자가 사고를 인지하지 못한 상황에서 갑자기 당했지만, 이번 경우는 인질로 잡은 사람들을 한 명씩 대면 사살을 했기 때문에 잔인하기 그지없는 비인간적 테러입니다. 4대강 다시 평가하자는 움직임도 있네요. 반기문 UN사무총장의 대통령 추진설이 또 나오고 있어요. 행정고시 면접에서 국정교과서 관련 질문을 했다는군요. 세계를 뒤흔든 광군제 모바일 쇼핑 혁명, 중국의 반도체 사업 확장 등 이미 한 번씩 언급한 내용들인데, 이제 뉴스 보면 알아듣겠죠? 신문을 읽으면 눈에 쏙쏙 들어오죠?

역사가 돌고 도는 것처럼 시사 이슈도 매년 반복돼요. 우리 웹하드만

열심히 봐도 알 수 있어요. 신기할 정도로 1~2년 전 시사 이슈가 그대로 반복됩니다."

종강을 향해 가는 사이 학생들은 시사 문제에 통달해 내가 하는 말에 고개를 끄덕이며 교감을 한다. 상호 공유가 이루어지는 것을 느끼면 나는 절로 신이난다.

"우리 SKY 학생들과 배틀하러 가볼까? 시사면 시사, 전공이면 전공, 인성이면 인성, 그들보다 우리가 못할 것 하나 없어. 한번 붙어보자고."

장난삼아 하는 말이 아니다. 내 경험으로 우리 학생들은 어딜 가도 뒤처지지 않을 만큼 자신감이 붙어 있다. 실제로 명문대 다니는 학생들과 대화할 기회가 있었다. 그들에게 "사드 배치에 대해 어떻게 생각하니? TPP에 우리가 가입을 해야 할까? 말아야 할까? 국정교과서 문제에 대해 의견이 있니? 오늘날 야당이 저래도 되는 거야?" 하고 질문을 던졌다. 그런데 하나같이 '그게 뭔데요?' 하는 표정을 짓고 있었다. 시사 이슈에 해박하다고 해서 경쟁력이 월등해지는 것은 아니지만, 적어도 세상 돌아가는 일을 아는 것은 현실의 삶에 필요한 일이 아닐까?

시사 이슈 리스트(11월 9일~11월 14일)

- 파리 '최악' 연쇄 테러 150명 사망·인질극… 이슬람극단주의 가능성(현지 시간 13일 밤)
- 2015년 司試 합격 인원, 연고대가 사상 처음 서울대 앞질러(연대 22 고대 19 서울대 15)
- 강동순 전 KBS 감사 "고대영 KBS 사장 후보 선임, 청와대서 개입"

- 가뭄으로 4대강 재평가해야 한다는 주장은 궤변인가?
- 최저임금 올려도 고용 감소 없다는 매닝 교수 충고 새겨야
- '반기문 대통령, 친박 총리' (내각제 개헌하자는 친박, 장기 집권 시나리오?)
- 미얀마도 민주화… 北은 불가능한가?
- 아베의 도쿄 재판 검증은 미국에 대한 도전이다(아베, 패전국 인정하지 않겠다)
- '면세점 재벌 特惠 잔치' 이대로 좋은가? 일본 등 선진국은 이미 중소업체 개방
- 세계를 뒤흔든 中 '광군제', 무서운 모바일 쇼핑 혁명(이제 ICT 산업까지 중국 한테)
- 감정노동자의 감정도 노동 재화다(스마일 마스크 증후군이 뭔지 아세요?)
- 총선 앞두고 지역구 豫算 따내는 전쟁터로 변한 국회(한심한 국회의원들)
- 행시 사상검증 면접(국정교과서 면접 예상 적중, 그럴 수 있는데 합부 여부는?)
- 방산 로비 군 지휘부 가족들에게까지, 철저 수사해야(합참의장 아들 등)
- 20살 민주노총의 성과와 과제
- 대법원, 세월호 선장에 첫 살인죄 적용(단연한 것 아닌가?)
- 낙하산 한국투자公社 사장 눈에 보이는 게 없었다(각종 향응, 비리)
- 100년 공들인 日 항공기의 첫 飛上, 우리는?
- 朴 대통령, 대놓고 공천 개입·선거 개입(이러면 정말 안 되는데 나라꼴이…)
- 김만복 전 국정원장과 새누리당, 무슨 일이 있었나요?
- 개인종합자산관리계좌(ISA·소위 만능 통장)이 뭐죠? 왜 주부·학생들은 안 되나?
- 총선용 누더기 개각, 청와대 인사들 잇단 총선 출마 선언(정말 다들 왜 이러시나?)
- 쌀값 폭락, 쌀 減産 적극 검토해야
- 곧 쏟아질 中 반도체 韓 산업에 계속 울리는 경고음(졸면 죽는다)
- 한미약품이 창조 혁신이자 제2의 삼성전자다
- '강남스타일'이 최몽룡 교수 잔혹사 막는다

스마일 마스크 증후군, 웃음을 잃고도 웃어야 하는 사람들

○○○

음식점을 갈 때, 놀이동산을 갈 때, 고객센터에 전화할 때, 항상 웃으며 응대하는 직원들이 있다. 고객이 신경질을 내도, 고집을 부려도 항상 미소로 응대하는 그들을 감정노동자라 일컫는다. 우리의 일상에서도 그들을 볼 수 있다. 승무원, 콜센터 상담원, 판매원, 보육교사, 음식점과 미용실의 종업원 등 무수히 많다. 이런 감정노동자들은 배우가 연기하듯 본인의 감정을 감추고 고객들을 응대하는 직무가 40% 이상이다. 고객의 폭언과 폭행에도 웃음이라는 가면을 쓴다. 이런 행동을 반복하는 감정노동자들은 내적인 상처를 안고 있지만 웃어야 하는 일명 '스마일 마스크 증후군'에 시달린다.

스마일 마스크 증후군은 의학용어로 가면성 우울증이며, 우울한 기분이 가면 때문에 가려져 드러나지 않는 우울증을 말한다. 겉으로는 웃고 있어서 우울감과 무력감이 보이지 않지만 그들의 내면을 들여다보면 우울증과 동일하다. 스마일 마스크 증후군은 주로 감정노동자에게서 발생한다. 감정노동자들은 항상 고객을 위해 웃고 있지만, 그들의 웃고 있는 마스크 너머 마음속은 상처로 가득하다.

경영자의 입장에서는 고객들이 수입을 가져다주기 때문에 항상 서비스 부분에 신경 쓰며 이를 위해 감정노동자들을 투입한다. 감정노동자의 친절은 기업의 고객만족 경영과 닿아 있다. 하지만 기업은 감정노동자들의 마음의 상처에 대한 책임을 회피하려 한다. 심리적 치료에 대한 제도 장치도 마련되어 있지 않다. 작년에 발생한 부천 현대백화점 갑질 사건이나 아파트 경비원 분신 사건 등은 감정노동의 민낯을 적나라하게 드러냈다.

2015년 10월 서울시에서 감정노동자들의 인권 향상을 위해 녹색소비 자연대와 기업이 양해각서^{MOU}를 체결했다. 기업은 감정노동자들의 고충을 이해하고 배려하도록 그들의 어려움을 이해하는 간담회를 가졌다. 정부도 감정노동자들을 보호하는 법안을 발의했다. 감정노동자들의 산업재해보험 보호가 강화되며, 감정노동자들에게 심리적·신체적 피해를 입힐 경우 징역 6개월 이하 또는 500만 원의 징역에 처한다.

해외에서의 감정노동은 한국과 다른 양상을 가진다. 선진국들은 감정노동이라는 단어 자체에 크게 관심을 갖지 않는다. 하지만 감정노동을 직무 스트레스로 판단하여 산업재해로 인정하거나 사적인 보험들로 보상받게 한다. 형법에 처벌규정을 명시해서 폭언이나 폭행을 하는 진상고객을 강력하게 처벌한다.

선진국의 경우 시민의식이 높기 때문에 제도적인 측면에서 우리와 차이가 있다. 우리 정부의 법안은 진상고객들을 형법으로 다스리지만, 피해자들의 피해보상은 부실하다. 감정노동자들은 금전적인 피해보상보다는 심리적인 상처를 이겨낼 수 있도록 도와줄 장치가 필요하다.

한 커뮤니티 사이트에서 유행했던 사진이 있다. 그 사진 속의 여성 알바생이 입은 옷 뒷면에는 '남의 집 귀한 자식'이라는 글이 적혀 있었다. 분명 수만 명의 감정노동자들은 누군가의 귀한 자식일 수도 있고 자신의 금지옥엽일 수 있다. 정부가 법으로 바로 잡아야 하는 부분도 있지만, 국민들도 감정노동자들의 편에 서서 이해하려 노력해야 한다. 모두 노력할 때 감정노동자들이 스마일 마스크를 벗고도 웃을 수 있는 사회가 될 것이다.

지난 2016년 3월 15일 '고객 갑질'로 인한 감정노동자의 우울증을 산재로 인정하는 산업재해보상보험법 시행령과 시행규칙이 국무회의를 통과했다. 우울증은 우리나라 정신병 중 발병 비중이 가장 높다. '마음의 감기'로 불리는 우울증으로 한 해 동안 스스로 목숨을 끊은 사람이 1만 3836명에 달한다.

정부가 5년 단위로 실시하는 정신질환실태 역학조사에 따르면, 주요 우울장애를 평생 1번 이상 앓는 비율은 2001년 4.0%에서 2006년 5.6%, 2011년 6.7%로 꾸준히 증가했다. 또 강박이나 공황 등 불안 장애 유병 비율은 줄고 있지만, 우울 장애만 증가하고 있다.

OECD '건강 통계 2015Health Data 2015'를 보면, 2013년 OECD 회원국의 자살로 인한 평균 사망률은 인구 10만 명당 12.0명이었다. 반면 한국(2012년 기준)은 29.1명으로 OECD 회원국 가운데 1위였다. 실제로 2015년 우리나라 우울증 환자 수가 최초로 60만 명을 넘었으며, 치료가 필요한 중증 정신질환자 수는 50만여 명으로 추정된다.

이 환자 중에는 감정노동자들이 있다. 그들은 협박과 욕설, 성희롱까지 참아야 하는 등 자신의 감정을 숨기며 고객을 응대해야 하므로 스트레스에 시달릴 수밖에 없다. 이에 감정노동 근로자들은 50% 이상이 우울증 증상을 호소한다. 다른 직종에 비해 자살 충동도 2~3배 정도 더 높다. 우울 장애가 있는 사람 가운데 자살사고 비율이 40배 이상 높게 나타난다는 연구 결과만 보더라도 감정노동자들은 자살에 대해 매우 위험한 수준이다. 스트레스와 연관된 소화기 이상이나 근골격계 질환, 고혈압, 심계항진, 뇌졸중 같은 질환의 발병률도 높다.

한국직업능력개발원은 감정노동이 심한 상위 10개 직업을 조사했다. 1위가 항공기 객실 승무원, 2위는 홍보도우미 및 판촉원, 3위가 통신서비스 및 이동통신기기 판매원, 4위는 장례상담원 및 장례지도사, 5위가 아나운서 및 리포터, 6위는 음식 서비스 관련 관리자, 7위가 검표원, 8위가 마술사, 패스트푸드업 종사자, 10위가 고객상담원(콜센터 상담원) 순이다. 이제는 백과사전에도 올라간 '대한항공 086편 회항 사건'만 봐도 항공기 객실 승무원들이 어떤 스트레스를 받는지 모르는 사람은 거의 없을 것이다.

고용노용부는 전국 감정노동자 수를 약 700만 명으로 집계하고 있다. 이들 중 36%가 업무상 질병자로 분류된다. 지금까지 감정노동자들이 산재로 인정받기 어려웠던 것은 감정노동에 따른 스트레스나 우울증 등과 업무가 연관됐음을 증명하기가 쉽지 않았기 때문이다. 2013년 전만 해도 감정노동이라는 개념 자체가 없었다. 따라서 이들의 우울증을 판단할 근거가 없었다. 우울증이라는 게 물리적 증거가 남지 않기 때문에 산재로 인정받는 건 더욱 어려웠다. 그러나 앞으로는 고객 응대 업무 중 폭력, 폭언 등으로 적응장애, 우울병이 발생했을 때 의사 진단서를 받으면 산재로 인정받을 수 있다.

그렇다면 감정노동자들이 우울증을 피할 수 있는 방법은 없는가? 고객의 '갑질'부터 피해를 입지 않을 방법은 없을까?

감정노동은 고객으로부터 비롯되기는 하지만, 애초에 그 원인은 고객을 만족시키지 못하게 하는 노동환경에 있다. '감정노동자 보호 입법을 위한 전국네트워크'가 실시한 '감정노동자, 소비자, 기업 조사 결과'에 따르면, 감정노동자들은 고객으로부터 컴플레인을 받을 때면 자신을 보호해주지 않고 그 책임을 자신에게 떠넘기는 기업의 조치로 힘들어하고 있었다.

민주노총은 2014년부터 사업장의 단체협약에 "회사는 고객대응을 하는 조합원이 긴박한 상황(폭력, 욕설, 성희롱)에 처한 경우에 이를 보호하고, 정상적인 업무에 복귀할 수 있도록 4시간 이상의 휴게 시간을 부여한다"라는 내용을 포함했다. "회사는 감정노동으로 인한 직무 스트레스에 대해 정기적인 검진을 실시하고, 유급 검진 시간을 보장하며 검진에 필요한 비용을 부담한다. 검진 결과는 당사자와 합의 없이 공개할 수 없고, 해당 노동자에 대해 불이익한 처분을 할 수 없다"라는 내용도 추가했다.

그러나 기업은 "고객이 욕을 하거나 폭력을 행사할 때 상급자가 고객 앞에서 모욕을 주거나(41.4%) 고객에게 직접 전화를 해서 사과하게 하는 조치(22.6%)"를 취했다. 고객으로부터 불만이 접수되면 "인사고과나 임금에 불이익을 주거나(28.8%) 근무 외 시간에 추가로 교육을 받게 했다(23%)."는 것이다.

기업은 고객만족과 친절 서비스 교육에만 치우쳐 그들의 직원이 어떤 위험에 노출되는지 전혀 상관하지 않고 있었던 것이다. 기업의 입장에서 효율적으로 '고객만족'을 실천하려면, 그들을 상대하는 감정노동자들의 처우를 개선해야 한다. 가는 말이 고우려면 그럴싸하게 흉내만 내서는 안 된다. "사랑합니다, 고객님"이라는 말도 감정노동자의 마음이 편해야 진심이 전해진다. 감정노동자들이 억지로 입 꼬리만 올려 강제로 웃는 게 아닌 진정으로 고객을 향한 따뜻한 미소를 짓게 하려면 기업으로부터 보호를 받는다는 안정감을 느끼게 해야 한다. 결국 기업이 감정노동자를 보호하는 건 고객의 만족을 최대로 얻는 것이나 다름없다. 그러므로 감정노동자들에 대한 보호 입법보다는 기업의 책임의식과 시스템의 변화가 더 우선시돼야 한다.

그나마 다행인 것은 회사의 악성민원인 법적조치 의무화, 감정노동자 치료 상담지원, 고충처리기구 상설화를 골자로 한 감정노동자 보호법이 2016년 3월 3일 국회 본회의를 통과했다는 점이다. 그리고 '감정노동자 조례'를 발의하기 위한 노력도 시작되고 있다.

최근에는 유명 피자 브랜드의 회장이 술을 마시고 경비원을 폭행하고, 대형건설사인 D산업의 부회장은 자신의 운전사에게 폭언을 하는 등 '갑질 논란'이 여전하다. 2016년 4월 8일에는 굴지의 대기업 대표의 갑질도 폭로됐다. 수행기사는 그의 속옷 심부름까지 해야 했으며, 수행기사가 숙지해야 할 매뉴얼은 140장이나 됐다. 그 매뉴얼에는 대표가 빨리 가자고 하면 "신호와 차선, 버스 전용 차로를 무시하고 목적지에 도착하는 것이 우선'이라고 적혀 있었다. 실제로 수행기사가 낸 교통법칙금이 400만 원이 넘었다. 과거 우리나라의 성장을 일궈낸 대기업이기는 하지만, 이는 법과 사회질서에 대해서도 갑질을 해온 셈이나 다름없다.

과연 우리 사회에서 이러한 갑질이 사라질 수 있을까? 감정노동자들이 갑질이라는 스트레스를 받지 않는 날이 오기는 할까? 감정노동자들이 진정한 노동의 가치를 만끽할 수 있는 날이 올까?

흙수저도 사는
나라가 돼야지

바야흐로 취업 고시 시즌이다. 그동안 갈고 닦은 실력으로 좋은 결과를 전해오는 친구들이 있다. 금융권 최종 합격 소식이 첫 스타트를 끊었다.

"이번에 치러진 금융공기업, 대기업, 주요 언론사 시험 문제에 우리가 다루었던 시사 이슈가 출제됐던 것 알고 있나요?"

내가 학기 초에 "우리가 공부한 시사 이슈는 무조건 시험에 나온다"라고 자신 있게 말했던 것이 2015년 10월 24일에 치러진 한국은행, 금융감독원, 산업은행, 수출입은행, 예금보험공사 등 금융공기업 공개채용 필기 시험에서 증명되었다.

'빅 아이'Big I 와 스몰 위Small We 즉, 대아大我와 소아小我에 관한 문제, 'TPP(환태평양경제동반자협정)에 가입하지 않은 한국이 앞으로 어떤 영향을 받고, 한국이 TPP에 참가한다면 어떤 이익을 얻을 수 있나'와 같은 문제가 출제되었다.

삼성을 비롯한 LG, 현대그룹 시험에서도 어떤 지식을 외워서 답하기보다 논리적인 이해능력 등을 테스트하는 데 중점을 두었다. 우리 수업 방식으로 공부했던 학생들에게 많이 유리했다고 본다.

나는 이번 주 이슈로 11월 14일 있었던 서울 한복판 도심시위에 관해서 이야기를 하고 싶었다.

"폭력시위가 잘못일까요? 과잉진압이 잘못일까요? 《조선일보》를 비롯한 소위 보수 언론의 논조는 이번 시위는 불법 폭력시위라며 비난하고 있어요. 반면에 《한겨레》나 《경향신문》 같은 진보 언론은 경찰의 과잉진압과 국민들을 폭력집단으로 몰고 가는 파렴치한 정부를 질타하고 있어요. 여러분들은 어떻게 봅니까?

중요한 것은 폭력시위냐 과잉진압이냐를 따지기 전에 왜 시위가 일어났는지를 봐야 해요. 정부가 잘하고 있는데 아무 이유 없이 국민들이 시위를 할까요? 국정교과서, 합의되지 않은 노동개혁 추진 등 이유가 있으니까 시위를 하겠죠. 시위를 주관한 단체들도 문제가 있어요. 경찰의 과잉진압을 미끼로 미리 복면을 하고 시위도구를 준비해 경찰의 차벽을 무너뜨리는 폭력을 행사했어요. 미국의 경우 집회신고가 들어오면 폴리스 라인police line을 그어놓고 그 선을 넘으면 직위고하를 막론하고 수갑을 채워 연행합니다. 몇 년 전 월가 시위에서 미국 지방의회 의원이 수갑 차고 연행된 적이 있어요. 우리 농민 시위대가 홍콩에서 죽창 들고 시위하다 전원 구속된 적도 있죠. 시위를 주도한 민주노총위원장의 조계사 피신, 그리고 조계사의 입장에 대해 어떻게 생각하나요?

시위 문제뿐만 아니라 동국대 모 교수가 발표한 '금수저·흙수저론'도 이슈가 되고 있어요. 저는 거기에 크게 동의하지 않아요. 사람들은 태어날 때부터 환경적으로 차이가 있어요. 이는 최근의 일이 아니에요. 조선시대는 더 심했어요. 요즘 들어 새로 일어나는 현상처럼 호도하는 것은 견강부회牽强附會입니다. 어쩌면 유럽 사회, 서구사회가 우리보다 더 심할지도 몰라요. 대학을 졸업하지 않은 상고 출신 대통령이 두 명이나 탄생하고 대학을 나오지 않아도 오롯이 자기 길을 걸어《타임스》표지인물이 된 가수 비나 YG엔터테인먼트 양현석 회장은 금수저를 물고 태어나지 않았어요. 금수저·흙수저론은 자칫 청년들을 혹세무민惑世誣民 할 수 있는 이론입니다. 금수저 흙수저가 있다손 치더라도 우리는 무시합시다!"

시사 이슈 리스트(11월 16일~11월 21일)

- 말리 호텔에서 또 테러(인질 27명 사망)
- '소수자 통합' 중요성 일깨운 파리 테러(《한겨레》의 파리 테러에 대한 시각)
- "한국 가장 큰 리스크는 박근혜의 권위주의" NYT, 사설서 역사교과서 국정화 날선 비판
- 현금 복지 논란 (무너진 그리스 보고도 '현금 복지' 타령? 그래도 필요한 정책인가?)
- 남북 실무접촉 성공으로 화해의 불꽃 되살리자
- '민간 특혜, 혈세 낭비' 위험 큰 세종고속도로(정부는 세종고속도를 왜 건설하나?)
- 교육방송 사장마저 뉴라이트 출신으로 채우려 하는가?
- 11. 14일 서울 도심시위, 불법 폭력시위 논란(차벽 설치는? 각목, 새총, 복면 시위는?)
- 왜 10만 명이 시위했는지 성찰하지 못하는 정부

- 전교조의 불법투쟁 키우는 교육부의 무른 대응(국정교과서 투쟁, 전교조는 단체행동권 없음)
- 한상균 민노총위원장 조계종 피신(조계종 한상균 보호 논리, 불쌍한 중생?)
- 세월호 特調委가 뭐하는 곳인지? 특조위가 지금까지 한 일은?
- '금수저·흙수저 계급론'에 좌절한 청년들을 어쩔 것인가
- 빚에 허덕이는 노인이 많은 나라는 행복할 수 없다
- 자살률 최고인데 우울증 약 복용은 꼴찌 수준
- 기축통화 지위 확보하는 위안화와 세계 금융질서의 변화
- 호텔·면세점 까다롭게 규제하며 관광대국 꿈꾸는 한국(면세점 5년법 세계 유일 우리나라만)
- 국내 기업 역차별 막는 구글세 도입을 환영한다(구글세란?)
- 야당의 골육상쟁으로 지지층 등 돌릴 수도…
- 무고한 시민들 희생된 '파리 테러', 결코 남의 일 아니다(테러방지법 14년째 국회 방치)

광화문 시위 : 시위대, 경찰 모두 반성해야

장○○

11월 14일, 서울 도심에서 대규모 시위가 일어났다. 이날 시위대와 경찰 사이에 물리적 충돌이 발생하면서 폭력사태의 책임을 둘러싼 공방이 뜨겁다. 정부는 명백한 불법, 폭력시위라며 책임자를 엄벌하겠다는 입장이고, 시위대는 경찰이 과잉진압을 했기 때문에 사태가 악화된 것이라고 주장했다.

이번 서울 도심시위는 전국민주노동조합총연맹(민주노총)과 전국농민회총연맹 등 53개 단체가 정부의 노동시장 구조개혁과 역사교과서 국정화, 환태평양경제동반자협정 등에 반대하는 대규모 민중총궐기대회였다. 서울역 광장에서 빈민 장애인 대회를 시작으로 농민대회, 청년총궐기, 범시민 대회 등이 태평로, 대학로 등에서 잇따라 진행됐다. 초반에는 비교적 평화적으로 진행되다 시내 곳곳에 분산돼 있던 시위대가 모여 광화문 광장으로 행진을 시도하면서 시위대와 경찰의 충돌이 빚어졌다. 약 13만 명이 참여한 대규모 집회가 되었다.

이 집회가 일어나기 전 대검찰청 공안부(부장 정점식 검사장)는 13일 경찰청 등 유관기관과 공안대책협의회를 열고 "평화적 집회는 최대한 보장하되 불법 집단행동에 대해서는 신속히 수사해 엄단하겠다"고 밝혔다. 이러한 경고에도 불구하고 결국 사고가 발생했다. 민중총궐기대회 집회에서 농민 백남기(68) 씨가 경찰이 쏜 물대포를 맞고 의식불명 상태에 빠졌다. 시위대는 시위자의 머리를 정조준해서 물대포를 직사해 중퇴에 빠뜨린 건 공권력 남용이라 주장하고, 검찰 측은 "합법적이고 평화적인 시위는 보장하겠다고 했는데도 시위대가 말을 듣지 않고 불법시위를 강행했다"고 밝혔다. 경찰도 시위대가 100여 명의 경찰관에게 쇠파이프 등으로 폭력으로 휘두르고, 경찰 버스 50대를 파손했다고 주장했다.

국민은 민주주의의 필수불가결한 기본권인 표현의 자유가 있지만, 국가 안전과 질서유지를 위해 규제된 법을 지켜야 한다. 헌법 21조 1항 '모든 국민은 집회, 결사의 자유를 가진다', 2항은 '집회, 결사에 대한 허가는 인정되지 아니한다.' 이로 볼 때, 헌법에서도 집회의 자유를 보장하고 있다. 하지만 헌법 37조 2항 '국민의 모든 자유와 권리는 국가 안전, 질서유

지 또는 공공복리를 위하여 필요한 경우에 한해 법률로써 제한할 수 있
다'는 규정에 따라 집회의 자유를 무제한적으로 인정하지 않는다. 즉, 집
시법에 따르면 누구든지 폭행, 협박 등의 방법으로 질서를 문란하게 해서
는 안 된다.

또한 우리나라 시위는 신고제로, 시위를 주최하려는 자가 신고서를
720시간 전부터 48시간 전까지 관할 경찰서장이나 지방경찰청장에게 제
출해야 한다. 신고하지 않은 장소에서 시위 또는 집회를 할 수 없다는 뜻
이다. 하지만 사건이 일어난 지역은 광화문 일대로 신고가 되지 않았다.
이 지역에서 집회를 벌였기 때문에 불법이며 경찰은 이에 대해 진압을
할 수 있다. 시위대는 경찰이 물대포에 최루액을 섞었기 때문에 과잉진압
이라 하지만 시위대가 손에 쥐고 온 것은 사다리, 쇠파이프 등 흉기가 될
수 있는 물건들이었다.

정리하자면 시위대와 경찰 모두 잘못했다. 시위대는 자신들의 주장을
제대로 알리는 목적으로 시위를 진행했어야 했다. 무기를 든 것 자체로
시위의 본질적인 목적을 상실했다. 경찰은 폭력에 폭력으로 맞서서는 안
된다. 물대포 사건처럼 사람의 생명에 위협을 가하는 행동 역시 엄연한
잘못이다. 또한 제 11조 집회 및 시위에 관한 법률을 보면 주변에 외교기
관들이 있어도 휴일에 하는 집회는 관계가 없다고 명시되어 있는 것을
무시하고 조례를 근거로 들어 광화문에서 시위를 불허한 것은 법률 위반
에 해당된다.

이번 시위에서 시위대와 경찰들이 잘못한 점들을 사법부에서는 공평
하게 잘 따져 강력한 처벌을 해야 한다. 앞으로는 폭력적인 시위가 아닌
평화적인 시위가 열릴 수 있도록 길을 만들어 놓아야 한다.

“특히 복면시위 못 하도록 해야 합니다. IS가 그렇게 하고 있지 않습니까?”

박근혜 대통령이 2015년 11월 24일 국무회의에서 11 · 14 민중총궐기 대회를 ‘불법 폭력 사태’라고 규정하며 한 말이다. 대통령이 집회 참가 시위대를 ‘IS 테러리스트’에 비유하며 집회에서의 ‘복면착용 금지법’ 필요성을 강조하자, 이때도 대통령의 말이 떨어지기가 무섭게 새누리당 의원 32명은 하루 만에 집회 때 복면 착용을 금지하는 것을 골자로 한 ‘집회 및 시위에 관한 법률’(집시법) 개정안을 발의했다.

우리나라 국회의원들은 참으로 대단하다. 국민들이 필요로 하는 법을 발의하는 데 서두른 적이 있었던가, 하지만 대통령의 말 한 마디에 곧바로 관련법을 발의한다. 국민 세금으로 지불하는 국회의원 월급 1149만 6826원이 오로지 한 사람을 위해 쓰이는 것 같다.

가톨릭농민회 · 전국여성농민회총연합 · 전국농민회총연맹 등 세 단체의 대표들은 박근혜 대통령의 발언에 대해 논평을 내면서 “박 대통령은 독재의 산성을 더욱 높이겠다는 것이고, 이에 반대하는 국민들은 IS 세력을 대하듯 소탕하겠다는 것”이라고 했다. 또 “공권력에 의해 죽음에 문턱에 이른 농민에게 어떠한 언급도 없다는 것은 최소한의 인륜도 갖추지 못한 발언”이라고 했다.

일부 정치인들은 SNS를 통해 “박근혜 대통령이 복면시위를 IS와 유사하다 했다”며 “그렇다면 국정교과서를 몰래 숨어서 집필(복면 집필)하는 사람들도 역사 테러범들”이라거나 “박근혜 대통령, 물대포 얘기는 없이 IS도 복면 쓰니 시위 때 복면(실은 마스크) 쓰지 마라? 곧 복면가왕도 방송 금지되고, 핼러윈Halloween축제, 봉산탈춤도 불법? 박근혜 정부부터 민주주의와 민생의 가면을 벗으시지요"라고 비판했다.

여당 의원들은 박근혜 대통령의 발언에 대해 "대통령이 그런 말을 했겠느냐 불법시위는 문제다. 유럽에서도 복면은 금지시킨다"라고 대통령을 옹호했다. 그렇다. 독일도, 미국도 복면 시위는 금지한다. 그러나 그들의 이유는 우리의 정부와 여당이 말하는 것과 다르다. 독일 경찰이 제일 우려하는 것은 집회나 시위 자체가 아니다. 극우 나치 세력의 폭동이나 유럽 내 반이슬람주의자들의 보복 테러다. 우리나라에서는 상상도 못할 극우 테러와 폭동이 벌어지기 때문에 복면을 금지하는 것이다. 미국은 백인우월주의 극우 단체 KKK 때문이다. KKK는 하얀 고깔 두건을 쓰고 얼굴을 가린 채 흑인을 학살하거나 피부색이 다르다는 이유만으로 린치나 테러를 자행해왔다. 대낮에도 흑인이나 동양인들을 공격하거나 가게를 기습하는 폭력을 행사했다.

여당 대표는 여기에 한마디 보탰다. "불법시위가 없었으면 벌써 1인당 국민소득이 3만 불을 넘었을 것이다." 이런 식의 가정법이라면 누구든 박근혜 정부와 여당에 대해 못 할 말이 뭐가 있을까? "박근혜 대통령이 공약을 내세운 것을 다 실천했다면 우리 청년들이 일자리를 구하지 못하는 일은 없었을 것", "박근혜 정부의 공약이 성공했다면, '헬조선', '흙수저 금수저' 같은 말들은 나오지 않았을 것", "박근혜 정부와 여당이 제 몫만 다했다면 '11.14 민중총궐기대회'는 없었을 것", 그랬다면 "백남기 씨가 물대포에 맞아 쓰러지는 일은 없었을 것"이다.

민주국가라면 세계 어느 나라든 시위를 한다. 2016년 1월 9일에는 독일에서 시위가 벌어졌다. '유럽의 이슬람화를 반대하는 애국적 유럽인들(PEGIDA · 페기다)' 등 극우 시위대는 시위 도중 경찰을 향해 맥주병과 폭죽 등을 던졌다. 2월 8일 홍콩에서는 춘제 때 최악의 폭력시위가 발생했다. 당국의 노점상 단속에 항의하며 시작된 시위는 실제로는 소득 격차 확대 등에 대한 젊은이들의 분노가 분출된 것이라는 의견이 지배적이다. 그날 이후 소득 불균형 해소 노력 등 정부와 정치권의 자성을 요구하는 목소리가 나오고 있다.

3월 31일에는 프랑스 정부가 제시한 노동법 개정안에 반대해 전국에서 40만 명이 시위에 참여했다. 서부 도시 낭트와 렌에서는 일부 시위대가 돌을 던지며 폭력 행동에 나섰다. 그러자 경찰은 최루가스로 대응했다. 파리와 툴루즈에서는 경찰이 시위대 100명을 체포하며 강경 진압에 나섰다.

4월 2~3일에는 하계 올림픽을 앞두고 정국 불안에 시달리는 브라질에서 폭력시위가 일어났다. 4월 3일에는 난민을 받지 못하겠다고 항의하는 터키와 그리스 주민들의 시위가 있었다. 다음 날인 4월 4일에는 인권운동가들이 터키 디킬리 항구에서 '국경을 열어라' 등의 구호가 적힌 종이를 들고 그리스 난민의 터키 강제 송환을 반대하는 시위를 벌였다. 같은 날 폴란드에서는 '낙태 전면 불허' 입법안에 대한 시위가 일어났으며, 아이슬란드에서는 총리가 파나마의 조사회피처에 역외 페이퍼컴퍼니를 보유하고 있다는 의혹이 불거지자 수천 명의 시위대가 의회 광장에 모였다. 시그뮌뒤르 귄뢰이그손 총리는 금융위기로 아이슬란드 국민들이 힘겨워하고 있을 때 제 배만 불렸다는 비난에 몰렸다. 그는 "규정이나 법을 어긴 게 없다"라고 했지만, 다음 날인 4월 5일 사임을 발표했다.

이렇듯 해외에서도 매일같이 시위가 벌어지고 있다. 다만 시위의 이유가 다르고, 시위대의 항의 정도가 다르고, 시위의 빈도수가 다를 뿐이다.

민주국가에서 시위는 헌법에 보장된 국민의 권리다. 국민들이 시위를 하는 데는 분명 이유가 있다. 그것은 정부에 대해 국민들이 불만을 갖고 있기 때문이다. 그러므로 정부는 시위대의 불만이 무엇인지 헤아리는 것이 기본이며, 문제를 해결하기 위해 노력하는 것이 원칙이다.

정부와 보수 언론 그리고 종편들은 시위대의 폭력성만을 부각시켰지만, 한국이 초청해서 한국의 집회 관리실태 등을 조사한 마이나 키아이 Maina Kiai 유엔특별보고관은 이렇게 결론 내렸다.

"한국에서 최근 수년간 평화로운 집회와 결사의 자유가 후퇴하는 느낌을 받았다." 또 "한국 정부가 시민 편의와 안보 위협 등을 이유로 들어 집회의 자유를 제약하고 있다"면서 "이것이 집회·결사의 자유를 부당하게 제한하는 구실이 될 수 없다"라고 지적했다.

그리고 "집회 참가자 중 일부가 폭력을 행사한다고 시위 자체를 폭력 시위로 규정해선 안 된다"고 말했다. "경찰은 폭력 시위자에 책임을 묻되 그렇다고 시위 자체를 해산하면 안 된다"라고도 했다.

이쯤 되면 박근혜 정부와 여당의 폭력 시위에 대한 인식과 대응 방식은 권력을 가진 자의 자의적 해석으로 볼 수도 있다. 어떤 면에서는 특수 권력의 '갑질'로 볼 수도 있지 않을까? 여당 대표의 화법대로 "만일 경찰이 수많은 인력을 동원하지 않았더라면, 차량으로 벽을 쌓지 않았더라면, 시위대가 신고한 대로 시위를 할 수 있게 했다면… 어땠을까?"

아무리 정부에 대해 불만을 가졌더라도 폭력을 옹호하는 국민은 거의 없다. 도리어 5.18 광주 항쟁처럼 괜한 노파심이 더 큰 분쟁과 폭력을 가져올 수 있다.

세월호 참사 희생자인 한 학생의 언니가 민중총궐기 집회 참가자를

'IS 테러리스트'에 비유한 박근혜 대통령에게 보낸 공개편지가 눈길을 끈다.

"저는 집회현장에서 마스크를 쓰고 있지만, IS가 아닙니다. 그 어떤 테러를 한 적도 없으며, 또 앞으로 할 생각도 없다는 걸 밝힙니다. … 집회현장에서 마스크를 쓰는 것은 제가 하는 일이 정당하지 않거나, 불법이라서 부끄러워서가 아닙니다. … 경찰의 불법 채증에 초상권을 보호하기 위해서 다른 하나는 경찰이 뿌리는 캡사이신이 너무 독하여 마스크를 안 하고 있으면 직접 맞지 않아도 계속 기침을 하고 헛구역질, 구토를 하게 되기 때문입니다."

대한민국을 점령한 '수저 계급론'

정○○ 판티○○ 이○○ 이○○

최근 젊은이들 사이에 자신이 속한 계층을 가늠하는 기준으로 '수저 계급론'이 떠오르고 있다. '수저 계급론'은 부모의 재산과 사회적 지위에 따라 금수저, 은수저, 동수저, 흙수저로 나뉜다. 이 계급론의 바탕엔 '부모 도움 없이는 자립하기 어려운데다 가난이 대물림되는 사회'라는 열등감이 깔려 있다. 개인이 노력해서 버는 소득보다 물려받은 자산의 중요성이 점차 커지면서 '수저 계급론'이 현실화되고 있다

부모의 재력 덕분에 스스로 노력하지 않아도 잘살 수 있는 사람을 금수저, 가난한 부모 밑에서 태어난 사람을 흙수저에 비유하는 '수저 계급

론'. 유행처럼 나도는 이 '수저 계급론'은 '헬조선'에서 아무리 '노오오력'을 해도 계층 간 이동이 힘들다는 열패감에서 나왔다. '헬조선'이란 취직·결혼·출산 등 안정된 생활을 위한 조건들이 보장되지 않는 한국 사회를, '노오오력'은 아무리 힘을 써도 상위 계급으로 올라갈 수 없는 절망 사회를 비꼬는 단어다.

개천에서는 더는 용이 나오지 않고, '흙수저'는 아무리 노력해도 '금수저'를 따라갈 수 없게 되었다. 노력과 능력만 있으면 누구나 성공할 수 있다는 '능력주의 신화'는 한국 사회에서 신뢰를 잃은 지 오래다. 한국은 부유층 상위 10%의 평균 소득이 하위의 10.1배(2013년 기준)로 OECD 국가 평균 9.6배보다 높은, 소득 불평등도가 심각한 국가다. 올해 노벨 경제학상을 수상한 앵거스 디턴Angus Deaton 프린스턴대 교수는 "불평등은 사람들에게 동기부여를 하는 좋은 면도 있지만 지나치면 민주주의를 위협하는 나쁜 결과를 낳을 수 있다"라고 지적했다. 각자의 재능과 노력에 따라 생기는 '결과의 불평등'은 사회 발전의 원동력이 될 수도 있다. 그러나 청년들이 아무리 노력해도 부모로부터 물려받은 '흙수저'를 벗어날 수 없다는 '원초적 불평등'은 차원이 다른 문제다.

금수저·흙수저론은 새로 등장한 것이 아니다, 예전에도 있었고 다른 나라에서도 흔히 나타난다. 그럼에도 유독 우리 사회의 젊은이들이 깊이 빠져드는 이유는 최근 들어 '계층 이동'이 점점 더 어려워지는 현실 때문이다. '수저 계급론'은 흙수저를 물려준 부모가 아니라 흙수저를 한번 물면 그것으로는 영영 밥을 퍼먹기 어려운 사회를 원망하고 있다. 이미 한국 사회에서는 '부모가 최고의 자산'이라며 '세습 자본주의'를 기정사실로 받아들이고 있다.

취업·결혼·출산을 포기하는 '3포 세대'에 집·인간관계를 더한 '5포 세대'가 등장했고, 심지어는 무한대로 포기한다는 'N포 세대'라는 용어까지 나왔다. 이 절망적인 포기론 역시 '수저 계급론'과 맞닿아 있다. 출발 지점과 다른 경쟁에서 끊어진 계층 이동의 기회를 연결할 근본적인 방법을 찾아야만 한다. 흙수저를 벗어나지 못한 이들의 취업, 결혼 등의 포기는 결국 '저출산'이라는 국가적 재앙을 불러올 것이다.

이 악순환의 고리를 끊기 위해선 정부와 '금수저'들의 역할이 중요하다. 금수저와 흙수저의 간격을 기부와 세금으로 좁혀나가 '흙수저'들에게 희망을 줘야 한다. 기부문화를 확산시키고 상속세를 강화해 부의 대물림을 막아야 한다. 서민들 역시 유행처럼 대한민국을 점령한 '수저 계급론'에 휩쓸려 자신의 처지를 비관해서는 안 된다. 단순히 경제적 가치로만 등급을 매기기엔 소중한 점이 너무나 많다. 돈으로 환산할 수 없는 부모님의 사랑과 지원 그리고 스스로의 노력을 결코 헛되이 여겨서는 안 된다. 희망을 버린 사회는 미래가 어둡다. 서민들이 품은 작은 희망이 계층 이동이라는 결실로 맺어질 수 있도록 정부와 사회지도층은 해법을 찾기 위해 더욱 노력해야 한다.

금수저 흙수저에 대해 더 깊이 파고들지 않겠다. 다만 이미 발표된 몇몇 결과만으로 가볍게 훑어보겠다.

2015년 6월 18일 웰스엑스Wealth-X, www.wealthx.com에서 전 세계 부호 중 자수성가한 부자들을 발표했다. 웰스엑스는 싱가포르, 홍콩, 런던, 뉴욕 등 250명 이상의 직원을 둔 자산관리 컨설팅업체다.

전 세계 자수성가형 부자 25위를 보면, 익숙한 이름들이 꽤 있다. 마이크로소프트 회장인 빌 게이츠와 버크셔 해서웨이 CEO인 워렌 버핏을 비롯해 이케아 창업자, 아마존 창업자, 페이스북 창업자, 구글 공동 설립자, 나이키 창업자들이 순위에 이름을 올렸다. 이름을 잘 모르더라도 그들이

순위	이름	국적	자산(달러)	자산(원)	비고
1	빌 게이츠	미국	857억	95조	마이크로스트트 회장
2	워렌 버핏	미국	701억	77조 7천억	버크셔 해서웨이 CEO
3	아만시오 오르테가	스페인	650억	72조	ZARA 인디텍스 그룹 창립자
4	래리 엘리슨	미국	515억	57조	오라클 CEO
5	잉그바르 캄프라드	스웨덴	481억	53조 3천억	이케아 창업자
6	제프 베조스	미국	398억	44조 1천억	아마존 창업자
7	카를로스 슬림	멕시코	354억	39조 2천억	텔맥스 텔레콤 회장
8	마크 저커버그	미국	353억	39조 1천억	페이스북 창업자
9	왕젠린	중국	352억	39조	완다 그룹 회장
10	마이클 블룸버그	미국	337억	37조 3천억	불룸버그 통신 설립자& 뉴욕 시장
11	래리 페이지	미국	313억	34조 7천억	구글 공동 설립자
12	세르게이 브린	러시아	291억	32조 3천억	구글 공동 설립자
13	리쇼키	홍콩	283억	31조 4천억	핸더슨 부동산 그룹 회장
14	일왈리드 빈 탈랄	사우디아라비아	283억	31조 4천억	킹덤홀딩 CEO& 사우디아라비아 왕자
15	호르헤 파울로 레만	브라질	270억	29조 9천억	브라질 투자은행 가란치아 회장
16	마윈	중국	267억	29조 6천억	알리바바 그룹 회장
17	셸던 아델슨	미국	260억	28조 8천억	라스베가스 샌즈 회장
18	조지 소로스	헝가리	248억	27조 5천억	소로스 펀드 매니저먼트 회장
19	레오나르도 델 베키오	이탈리아	230억	25조 5천억	룩소티카 회장
20	칼 아이칸	미국	228억	25조 3천억	야후 이사
21	스티브 발머	미국	224억	24조 8천억	마이크로소프트 이사
22	필 나이트	미국	216억	23조 9천억	나이키 창업자
23	파트릭 드라이	스위스	210억	23조 3천억	스위스 통신사 알티스 회장
24	리카싱	홍콩	201억	22조 3천억	청콩 그룹 회장
25	레오나르도 블라바트니크	미국	201억	22조 3천억	엑세스 인더스트리 회장

〈출처: 2015년 6월 18일 웰스엑스 발표 자료〉

창업한 기업의 이름을 모르는 사람은 거의 없을 것이다.

이들의 국적을 살펴보자. 미국, 스페인, 스웨덴, 멕시코, 러시아, 홍콩, 사우디아라비아, 브라질, 헝가리, 이탈리아, 스위스, 중국 등이다. 이중에 미국이 12명으로 가장 많고, 아시아 기업인은 4명이다. 홍콩이 중국의 특별자치구임을 감안한다면, 모두 중국 사람이다.

2014년에 《포브스》가 발표한 세계 200대 부자 명단을 살펴보자. 여기에서도 1위는 빌 게이츠다. 워렌 버핏은 3위에 있다. 한국인은 69위 삼성그룹 이건희 회장, 191위에 정몽구 현대자동차그룹 회장뿐이다. 한국의 부자는 자수성가형이 아닌 상속형 부자다.

미국의 경제정보 미디어 블룸버그가 지난 2015년 12월 31일을 기준으로 조사한 세계 400대 부자 목록에도, 대표적인 자수성가형 부호인 빌 게이츠가 1위다. 2위는 아만시오 오르테가, 3위는 워렌 버핏, 4위는 아마존 회장인 제프 베조스, 5위는 멕시코의 카블로스 슬림이다. 이들 400명 중 65%인 259명이 자수성가형이었으며, 35%인 141명만 상속형이었다. 세계 200대 부자 중에는 69%인 138명이 자수성가형이다.

세계 부자 순위 400위에 이건희 삼성그룹 회장, 서경배 아모레퍼시픽 회장, 이재용 삼성전자 부회장, 정몽구 현대차그룹 회장, 최태원 SK그룹 회장이 이름을 올렸지만 이들은 모두 재벌 2세 또는 3세다. 반면 홍콩을 제외한 중국은 29명으로 이들 중 28명이 자수성가형이다. 일본은 5명이 이름을 올렸는데, 이들 모두 자신의 손으로 창업해 성공했다.

아시아 국가 중 가장 부자가 많은 중국은 서양이 100년 이상을 들여 완성한 자본주의 나라를 단 30년 만에 만든 덕분에 1978년 개혁개방 이후 수많은 벼락부자가 탄생했다. 2015년 기준 자산 1조 원이 넘는 중국의 '슈퍼리치'만 약 600명에 달한다.

이들 가운데 세계 자수성가 부호 16위에 이름을 올린 알리바바 그룹 마윈 회장의 이야기를 들어보자. 세계 부자들의 명단에 이름을 올리기는 했지만, '상속자'로서 부귀를 누리는 한국의 부자들이 마윈 회장의 이야기를 듣고 깨달아야 할 바가 많아 보인다.

알리바바 그룹은 세계 최대 규모의 온라인 쇼핑몰 알리바바 닷컴을 운영하는 뉴욕 증권거래소 상장 기업의 이름이다. 전직 영어 강사였던 마윈은 1995년부터 몇 차례 인터넷 사업을 시도했지만 모두 실패했다. 하지만 1999년 알리바바阿里巴巴를 창업한 후, 미국계 다국적 투자은행인 골드만삭스Goldman Sachs 로부터 약 500만 달러를, 일본 소프트뱅크SoftBank Corp.의 손정의 회장에게 2,000만 달러의 투자를 받으며 빠르게 성장했다.

알리바바 그룹의 시가 총액은 약 1,680억(한화 175조 원)으로 구글과 페이스북에 이어 세 번째로 기업 가치가 높다. 상장 첫날에는 주가가 급등하며 기업 가치가 약 2324억까지 치솟기도 했다.

마윈은 2016년 1월 24일 중국 관영 CCTV의 '카이장러'에서 '돈'에 대해 이렇게 말했다.

"돈은 누구의 소유물이 아니고 우리의 재산은 사회가 우리에게 위탁해 관리하도록 한 것인데 만약 당신이 자산을 '내 것'이라고 생각한다면 액운이 시작되는 것"이라고 했다. 그리고 "큰돈을 벌고 싶은 사람들에게 충고 한마디 하고 싶다"면서 "돈을 많이 벌수록 해야 할 일도 늘어나는데 중국 최고의 부자 '수부首富'가 되려면 최대 책임이 '부과'되는 것을 감수해야 한다"라고 했다.

또 그는 항저우의 알리바바 본사에서 가진 인터뷰에서 "부자는 좋은 것이지만 중국 최고 부자는 좋은 게 아니다. 갑부가 되면 돈에 눈독 들이는 사람들에게 둘러싸이게 마련이다. 요즘 내가 길거리를 걸어가면 사람들은 날 뭔가 다른 눈으로 쳐다본다. 그저 날 있는 그대로 바라봐주면 좋겠는데…”라고 했다.

그는 자신이 부자가 됐기 때문에 얻은 마음의 고통을 덜기 위해 목표를 세웠다. 그것은 세계 최대 부자이자 기부왕인 미국 마이크로소프트 창업자 빌 게이츠를 두고 “누가 더 나은 자선사업을 벌일 수 있을지를 두고 경쟁하겠다”라고 밝혔다. 그는 중국에서는 기부의 왕이다. 환경보호 공익신탁기금을 설립하는 등 145억 위안(약 2조 5888억 원)을 사회에 환원했으며, 2014년 올해의 자선가 순위에서 기부액 1위에 올랐다.

자수성가형 부자든 상속형 부자든 마윈의 말처럼 부자에게는 그들이 지고 가야 할 책임이 따른다. 그러나 최근 미스터피자 MPK그룹 회장이나 대림산업 부회장, 몽고 식품 회장, 땅콩 회항으로 유명세를 떨친 대한항공 부사장의 ‘갑질’들을 봤을 때, 그들은 애초에 부자들의 책임에 대해 어떠한 인식도 없었던 것 같다. 그러나 자신들이 당연하게 여겼던 것들 때문에 그들은 책임을 지게 됐다. 이들을 거만하게 만든 건 ‘돈’이지만, 그에 앞서 갖가지 정책으로 부자들을 뒷받침하고 그들에게서 정치적 지원을 받은 정치권에게도 책임이 있다. 심지어 이번 정부는 이명박 정부와 마찬가지로 ‘재벌 배불리기 정책’을 펼쳐 왔다는 오명을 얻었다.

자신이 흙수저라며 스스로를 평가 절하하거나 헬조선을 떠나겠다는 청년이 늘고 있는 것은 그들만의 탓이 아니다. 이처럼 아무리 노력해도 어쩔 수 없는 상황들이 존재하고 있다. 그럼에도 불구하고 우리 청년들은 부단히 노력해야 하지만, 정부와 정치권 그리고 기업들이 이 문제를 방치

한다면, 범국가적인 위기가 될 것이다. 저출산, 청년 실업 같은 문제들이 점차 심화되고 있다는 것이 그 증거다.

정부 여당은 박근혜 대통령의 레임덕을 막기 위해, 야당은 새 정권 창출의 첫 삽을 목표로 했던 20대 국회의원 선거가 드디어 끝났다. 4.13총선은 많은 이들에게 놀라움을 안겨주었다. 여론조사도 출구조사도 정치 평론가들의 예측도 모조리 빗겨나갔다. 정당득표율 3위인 더불어민주당이 제1당이 됐고, 예전처럼 정당득표율 1위를 노렸던 새누리당은 제2당이 되었기 때문이다. 총선 결과, 지역구와 비례대표를 포함해 더불어민주당이 123표, 새누리당이 122표, 국민의당이 38표, 정의당이 6표, 무소속이 11표를 얻었다. 그야말로 여소야대의 상황이 된 것이다.

이 결과를 두고 사람들은 '현 정부 운영에 대한 불만', '대통령의 독주와 불통 및 여당의 공천과정에 대한 전횡', '당내 갈등', '인물 경쟁 실패', '성난 민심의 반영', '높아진 젊은 층의 투표율' 등 갖가지 이유를 내놓고 있다. 실로 어느 한 가지만 원인으로 꼽을 수 있겠는가. 중요한 것은 이런 결과를 두고도 정치권이 정신을 차리지 못할까 걱정이다.

과연 박근혜 정부와 여당은 흙수저들이 환호하는 현실적인 정책을 만들어내고 실시할 수 있을까? 총선에서 여당을 누르고 제1야당이 된 더불어민주당은 과거와는 달리 새로운 모습으로 국민의 뜻을 받들 수 있을까? 이번 총선에서 뜻밖의 활약을 펼친 국민의당은 약속한 대로 새로운 정치를 펼쳐나갈까? 이들은 흙수저 금수저 없는 한국 사회를 만들어나갈 수 있을까?

이봐, 해봤어?
우리도 행복해지고 싶어요

시사 이슈 리스트(11월 23일~11월 28일)

- "회사에서 스마트폰 보면 조인트 까겠다"는 삼성 임원, 심정은 이해가 가지만…
- 위조 신용카드 들고 온 외국인… 면세점 · 백화점이 털리고 있다
- '메이드 인 코리아' 포기 정책이 정부가 할 일인가(선진국들은 오히려 Re-shoring)
- 미 대선의 공유자본주의 바람, 흘려보낼 일 아니다(공유자본주의란?)
- YS 영결식 끝나자마자 싸움 재개한 새정치연합
- '첨단 금융' 가면 쓴 사기극을 구경만 하는 정부(크라우드 펀딩 사기 활개)
- 교육 · 문화 시설 갖춰 '기러기' 혁신도시 탈피하라
- "2017년 大選 무렵 깡통주택 속출" 경보음 안 들리나?
- '표지갈이'로 평가점수 높인 學問 사기 교수들

- "일할 맛 안 난다" 한국 노동의욕지수 OECD 꼴찌 수준, 해외로 인재 유출
- 기업 매출 사상 첫 감소, 大혁신 없으면 '일본化' 피할 길 없다
- 42년 만의 新원자력협정 발효, 韓·美 모두 이득 보는 실행방안 찾아야
- 대통령의 국회 비판, 너무 잦고 심하다
- 이해할 수 없는 박 대통령의 영결식 결례(영결식 불참 이유가 감기?)
- 끝내 얼굴 없이 시작된 '깜깜이 교과서'
- 국민은 말 들으라 …일방향 '담화 정권'(이런 행보가 시위의 빌미를 주는 것 아닐까?)
- 평화집회 하겠다는데 강경책만 쏟아내는 정부
- 민노총, 또 폭력시위 협박하나(조계종을 투장 본부로 삼아서)
- 폭력을 작정하고 나선 복면시위 더는 안 된다
- 민노총 사무실의 도끼·해머 보고도 '차벽 금지법'인가
- 탄생 100년 정주영, 지하에서 묻는다 "이봐 해봤어?"
- 金泳三 전 대통령 서거
- 兩金시대가 남긴 지역, 계파정치 종식시킬 수 없나

기업을 위한 내가 아닌, 나를 위한 내가 되어야 한다

백○○

현대건설이 설립된 지 약 30년 정도밖에 지나지 않았을 무렵, 현대건설은 충남 서산간척지를 만들면서 거센 물살 때문에 어려움을 겪었다. 이를 해결하기 위해 정주영 명예회장은 스웨덴에서 들여온 고철선 워터베이호로 물살을 막자는 아이디어를 냈다. 이러한 정주영 회장의 아이디어

를 듣고 담당자가 망설이자, 정주영 회장은 그에게 이렇게 말했다. "이봐, 해봤어?" 그 결과, '정주영 공법'이라는 말이 생겨날 정도로 공사는 성공적이었다. 이후 정주영 회장이 했던 말은 한국의 기업가 정신을 대표하는 말이 되었다.

현대는 현대자동차공업사와 현대토건사를 모체로 성장하였다. 이후 현대건설, 현대자동차, 현대중공업 등을 중심으로 사업을 확장하여 현재는 다양한 분야를 망라하는 한국의 대표적인 기업이 되었다. 이만큼 성장하기까지 현대를 이끌어낸 리더는 바로 정주영 회장이다.

현재 현대에서 내세우는 슬로건은 'New Thinking, New Posibility'이다. 실제로 정주영 회장은 《정주영은 살아 있다》에서 "내가 믿는 것은 하고자 하는 의지가 가져오는 무한한 가능성과 우리 민족이 가진 무한한 저력뿐이다. 나는 평생 새로운 일에 도전하며 살아왔다. 모든 것은 나에게 맡겨라. 겁이 나거든 집에 가서 누워 기다려라"라고 말했을 정도로 그의 철학에는 '새로움'에 대한 갈망이 있었다. 이러한 점에서 우리는 정주영 회장과는 다른 모습을 보이고 있다는 것을 알 수 있다.

흔히 말하는 '요즘 젊은이들'은 모두 열정적이다. 모두가 열심히 살고, 최선을 다한다. 하지만 '무엇을 위해 최선을 다하는가' 하는 점에서 정주영 회장과는 다른 목적을 쫓고 있다. 우리는 행복한 삶을 원한다. 젊은이들이 생각하는 행복한 삶을 살기 위해 필요한 조건은 '안정'이다. 안정적인 직장, 안정적인 봉급을 위해 안정적인 회사가 요구하는 스펙을 쌓고, 그에 맞는 인재상이 되고자 노력한다. 이러한 과정에서 자신을 믿고 스스로를 발전시키는 '도전정신'은 생략된다. 주체적인 발전, 즉 능동적인 삶을 살지 않고 대기업이 원하는 삶을 살아간다. 각자의 삶을 자신의 개성에 맞게 완성하기 위한 열정으로 가득 차야 할 젊은이들이 일명 'N포 세대'(사회·경제적 압박으로 자신이 하고 싶은 일을 포기해야 하는 세대)라는 말이 생겨날 정도로 기업의 요구에 맞게 일원화되어간다. 개인은 새로운 도전을 할 용기도, 여유도 없다.

물론 새로운 도전을 할 용기가 없는 것이 전적으로 젊은이들의 잘못은 아니다. 이미 우리 사회에서는 고난을 겪고, 끊임없이 도전하여 성취감을 달성하는 것이 행복이라고 규정하고 있지 않기 때문이다. 실패에 대한 두려움이 만연한 사회가 현재 우리가 살고 있는 한국의 모습이다. 하지만 이제는 '행복'에 대한 기준이 개개인의 자아실현을 위해 다원화되어야 한다. 탄탄한 배경도 없고, 재력도 없이 오직 혼자만의 의지로 도전해 위기를 기회로 바꾼 정주영 회장은 현재의 현대그룹을 만들었다. 무無에서 유有로, 진부함을 새로움으로 바꿀 수 있었던 것은 행복의 기준이 '자아실현'을 위한 새로움의 추구에 있었기 때문이다.

끊임없이 '새로움'에 대해 도전했던 정주영 회장의 모습을 통해 기업이 원하는 내가 아닌, 내가 원하는, 나를 위한 내가 되어야 한다는 것을 배울 수 있다.

유엔은 3월 20일을 앞두고 매년 보고서를 발간한다. 혹시 3월 20일이 무슨 날인지 아는가? '세계 행복의 날'이다. 유엔이 발간한 보고서가 어떤 것인지도 짐작할 수 있을 것이다. 그렇다, 〈세계 행복보고서〉다.

2016년에는 3월 16일에 이 보고서가 발표됐다. 덴마크가 1위, 꼴찌인 157위는 부룬디다. 덴마크는 발간 첫해인 2012년과 2013년에도 1위를 차지했다. 부룬디는 내전으로 인한 정치적 불안감과 치안의 불안이 국민들을 우울하게 만들고 있다.

한국은 조사대상 157개국 중 58위를 기록했다. 언뜻 보기에 나쁘지 않다고 생각할 수 있지만, 2013년 41위보다 17단계, 2015년 47위보다는 11단계 하락했다.

2012년부터 발간되는 이 보고서는 행복감에 영향을 미치는 여러 사회 요인, 행복감, 국가별 행복 순위 등을 발표한다. 특히 국가별 행복 순위는 국민총생산, 건강수명, 사회적 지원, 사회적 신뢰, 선택의 자유, 관대함 등 6가지 지표를 기준으로 삼고 있다. 여기에 갤럽이 실시한 여론조사 응답을 포함한다.

이 보고서는 반기문 유엔 사무총장이 '가장 가난하지만 가장 행복한 나라'로 알려진 부탄의 지그미 틴레이Jigmi Thinley 전 총리가 '국민총행복지수'를 만든 것에 영향을 받은 것에서 비롯됐다. 반기문 유엔 사무총장은 2012년에 경제적 요인 외에 행복과 웰빙에 대한 논의가 필요함을 강조했다. 그리고 그로부터 한 달 후인 5월에 '세계 행복의 날'을 제정하고 선포했으며, 9월에 첫 보고서가 발간됐다. 2013년부터는 매년 3월 20일을 '세계 행복의 날'로 기념하고 있다.

유엔의 첫 행복보고서는 유엔이 미 컬럼비아대 지구연구소에 의뢰해 갤럽 세계여론조사와 유엔인권지수 등의 자료를 기초로 작성됐다. 지금은 유엔 자문기구인 유엔 지속가능발전해법 네트워크SDSN가 작성하고 발표한다.

매년 발표하는 행복보고서는 해마다 핵심이 다르다. 2005~2007년 자료를 기준으로 작성된 2012년 보고서의 핵심은 "경제 수준과 행복감은 비례하지 않다"이다. 사람들을 행복하게 만드는 사회적인 요소로 정치적

자유, 사회 구성원 간 신뢰, 부정부패의 부재, 안정적인 고용, 사생활의 자유, 편안한 가정생활을 꼽았다.

2010~2012년을 기준으로 한 2013년 보고서는 "국민의 전반적인 행복감 증진을 위한 정책이 필요하다"고 했다. 특히 "경제발전이 삶의 전 영역의 발전으로 이어지기 위해, 주관적 경제적 척도의 균형이 필요하다"라고 덧붙였다.

2012~2014년이 기준이 된 2015년 보고서는 "사회구성원 간 신뢰도, 응집력이 행복에 영향을 끼친다"라고 정리했다. 이때는 스위스, 아일랜드, 덴마크, 노르웨이, 핀란드, 네덜란드, 스웨덴 순으로 중, 북부 유럽의 나라들의 행복지수가 높았다. 특히 2위인 아이슬란드는 당시 심각한 재정위기에 처해 있었다. 그러나 사회의 높은 신뢰가 행복도를 유지하는 힘으로 작용했다는 평가다. 반면 그리스와 이탈리아는 경제적 문제를 해결할 사회적 화합이 이뤄지지 않아 행복도 순위가 각각 70위에서 102위, 45위에서 50위로 하락했다.

2013~2015년 자료를 기준으로 한 2016년 보고서의 핵심은 "평등할수록 행복하다"이다. 불평등할수록 불행하다는 것을 보여주는 대표적인 예는 미국이다. 미국은 중국과 더불어 세계에 막강한 영향력을 행사할 뿐만 아니라, 세계에서 가장 많은 억만장자가 살고 있다. 세계 부자 1위와 3위에 이름을 올린 빌 게이츠 마이크로소프트 공동창업자(860억 달러·89조 6000억 원)와 워렌 버핏 버크셔헤서웨이 회장(700억 달러·75조 6000억 원)뿐만 아니라 이들을 포함해 '세계 200대 부자' 안에 70명의 미국인들이 이름을 올렸다. 또한 부자 나라 순위에서는 6위를 차지했다.

하지만 미국은 소득·재산·건강·삶의 질 등 사회 전반에 걸쳐 불평등이 심화되었다. 이로써 정치적 불만이 커지고 행복지수도 13위에 그쳤다. 2014년 10월 재닛 옐런Janet Yellen 미국 연방준비제도 의장은 ‘경제 기회와 불평등’ 콘퍼런스에서 “미국의 소득 및 부의 불평등이 100년 만에 가장 높은 수준에 근접했다”라고 말했다. 미국의 불평등이 19세기 이래 가장 오래도록 지속적으로 커지고 있다는 점도 지적했다. 얼마 남지 않은 미국 대선에서 막말과 거짓말, 그때그때 입장을 바꾸는 도널드 트럼프가 유력한 대통령 후보로 인기몰이를 하고 있다. 미국 국민들이 불평등을 해소시켜줄 새로운 인물을 갈망하고 있음을 전적으로 알 수 있다.

2016년 3월 22일《포커스뉴스》는 우리나라의 행복 순위 하락이 미국과 마찬가지로 불평등에 있다고 보았다. 2016 행복보고서는 “지니계수로 측정한 소득 불평등이 사회적 신뢰, 안전, 좋은 정부, 건강과 교육에 관한 공정한 접근 기회에 부적적인 영향을 끼친다”라고 정리했는데, 실제로도 그것을 입증하는 조사 결과가 있다. 2016년 3월 16일 국제통화기금IMF은 〈아시아 불평등 분석〉 보고서를 발표했다. 여기서 한국은 소득 상위 10%가 전체 소득에서 차지하는 비중이 45%나 된다. 아시아 국가 중 소득불균형이 가장 심하다. 싱가포르(42%)와 일본(41%)보다 높다. 특히 상위 10%의 소득 비중이 29%이던 1996년에 비해 16% 상승해 증가 속도가 매우 빠르다.

국회에 대한 국민들의 불신이 극에 달한 상황에서 20대 총선을 앞두고 각 정당들은 소득불평등을 줄이기 위한 공약으로 국민들을 달래려 했다. 또 ‘경제 선거’로 불릴 정도로 경제민주화를 외쳐댔다. 여전히 ‘갑질 횡포’에 관한 뉴스가 하루가 멀다고 보도되고 있다. 이 같은 불평등이 사회에 만연한 것은 꽤 오래됐다. 국민들은 이런 뉴스를 보면 분개하면서도 더는 놀랍지 않다는 식이다.

　정치인들은 이러한 불평등을 얼마나 해소할 수 있을까? 우리 청년들이 불평등의 벽을 깨고 자신의 행복을 찾을 수 있을까?

　참고로 우리나라에서도 "국민의 삶의 질을 높이기 위한" '국민행복지수'를 만든다고 했었다. 그것이 2009년 8월이다. 당시 청와대는 이 계획을 발표하면서 이렇게 말했다. "국내총생산 등 소득 관련 지표뿐 아니라, 개인의 삶과 행복에 영향을 주는 요소를 포괄하는 지표의 필요성이 커지는 것이 세계적 추세"라고 했다 그러나 연내에 만들겠다던 국민행복지수는 발표되지 않았다.

　정권이 바뀌어 박근혜 정부에서도 2013년 4월 '국민행복지수'를 개발하겠다고 발표했다. "기존의 GDP가 실제 삶의 다양한 모습을 대표하지 못한다"라는 판단에서, "소득과 소비 등 물질 요소뿐 아니라 건강, 교육, 문화, 여가 등 비물질 요인도 함께 고려"해서 만들 것이라고 했다. 하지만 통계청이 2014년에 발표한 것은 '국민행복지수'가 아니라 '국민 삶의 질 지표'였다. 그간 다루지 않던 주거환경 만족도, 건강수준별 기대여명, 지역사회소속감, 정치 관심 등 11개 지표를 추가했지만, 어디에도 '행복'에 대한 것은 찾아볼 수가 없다. 정부는 주관적 행복도를 계량하기가 어렵다는 평계를 내놓았다. 2016년 1월 21일《한국일보》에서 이재열 서울대 사회학과 교수가 주장한 것처럼 "행복지수 측정은 주관적인 부분이 많아 어느 항목에 가중치를 두느냐에 따라 결과가 바뀔 수밖에 없다."는 점은 인정한다. 그러나 세계 각국에서 행복을 진단하기 위한 잣대를 왜 마련하려고 하는지 생각해봐야 한다.

　2013년 9월 박근혜 대통령의 대선 조직이던 국가미래연구원이 '한국의 국민행복지수에 관한 연구' 보고서를 공개했다. 당시 박근혜 정부가 출범한 지 1분기밖에 지나지 않았는데도 노무현, 이명박 정부보다 국민 행복감이 더 높다고 평가해 논란이 된 적이 있다. 낯부끄럽게 스스로 칭찬하기보다는 객관적인 지표를 마련해 정부 정책을 평가할 수 있어야 한다. 그리하여 상대 당을 비방하며 "저희 당을 도와주십시오"라고 국민에게 호소하거나 "박근혜 대통령을 지켜주세요"라는 현수막을 내걸지 않더라도 국민의 신뢰만으로 다수 의석을 얻을 수 있는 정부 여당이 되었어야 한다.

끝으로 2014년 10월 22일 《중앙일보》에 실린 지그미 틴레이 전 부탄 총리의 인터뷰 내용을 인용한다. 당신이 진정으로 바라는 행복은 무엇이며, 그것을 어떻게 찾을지 생각해보기를 바란다.

"행복은 개인이 신체와 정신의 욕구, 물질과 심리적 필요의 균형을 이룸으로써 삶을 즐길 수 있는 상태다. 또 행복은 일시적이고 순간적인 게 아니라 지속적인 상태인지, 아닌지가 중요하다. … 행복을 위해서는 웰빙이 필요하고, 웰빙을 위한 여러 조건 중 하나가 경제적 웰빙이다. 하지만 행복은 경제적·물질적 욕구에 대한 자기조절 능력과 밀접한 관련이 있다. 끝없이 욕심을 부리면 결코 행복할 수 없다. 값비싼 최신형 고급 차를 갖는 것보다 안정적인 가정과 친구를 갖고 쉴 수 있는 시간을 갖는 데서 더 큰 행복을 찾을 수 있다."

더불어
사는 지혜

시사 이슈 리스트(11월 30일~12월 5일)

- 평화 집회도 이젠 지겹다는 게 국민들 심정(지금 집회할 때인가? 원인 제공을 정부가 했다지만)
- 더 많은 시민들이 시위에 참여해야 한다
- 다시 열린 서울광장… 가면 쓰고 꽃 들고 모인다
- 복면시위에 직접 당해봐야 '복면금지法 조롱' 관둘 건가?(2일 부산 민노총 시위에도 복면)
- "위기가 오는데도 위기감 없는 한국"(지금 시위하고/총선에 올인하고/기업들 만만디…)
- 주민 참여 없이는 죽어가는 도심 명물거리 못 살린다(건물주 임대료 폭리에 상인들 죽어난다: gentrification 현상 심화)'
- 눈물 닦아준다던 시간강사법에 시간강사들이 울고 있다

- 비극을 방치해선 안 될 '동국대 사태'
- 청년수당이 범죄인가(박원순, 정종섭 설전)
- 司試 문제 하나 결정 못하는 정부(사시 존폐 갈등에 불붙인 법무부의 갈지자 행보)
- 법안 수백 개보다 정치권 부패 척결이 훨씬 重하다
- 예비의사라고 '데이트 폭력' 봐주는 것이 법치국가인가?(조선대 의전원 사건)
- 韓中 FTA 비준 위해 1조(농어민 상생기금) 걷으면 TPP 때는 몇 조 걷으려나?
- 딸에게 유산 대신 '더 나은 세상' 물려주겠다는 저커버그(52조 원의 99%)
- 국회에 카드 단말기 갖다 놓고 책값 '收金'한 노영민 위원장
- 새 기축통화 위안화, 우리 경제에 도움되는 전략 짜내야
- 안철수 의원, 위기의 문재인 대표 대체할 역량 있는가?
- 의사 면허제도 개선 시급한데(서울 양천구 다나의원 사건 계기로)
- K-뱅크, 카카오은행 제대로 되려면?(인터넷 뱅크란?)

저커버그의 기부가 주는 교훈

유○○ 이○○ 김○○ 박○○

페이스북 창업자인 마크 저커버그 부부가 1일 첫 딸의 출산 소식을 알리면서 재산의 99%를 사회에 기부하겠다고 밝혔다. 그들이 보유한 페이스북의 주식 가치는 450억 달러(약 52조 2200억 원)에 달한다. 마크 저커버그는 세 번의 유산 끝에 어렵게 얻은 딸을 위해 52조 원 대신 '더 나은 세상'을 유산으로 남기고 싶다며 기부 이유를 밝혔다. 이들 부부는 '챈 저커버그 이니셔티브'라는 이름의 회사를 설립해 기부금을 사용하도록 하

였으며, 이 단체는 개인화된 맞춤형 학습, 질병 치료, 강한 공동체 만들기 등에 초점이 맞춰질 예정이다.

그는 자신의 재산 절반을 사회에 환원하겠다고 서약한 억만장자들이 회원으로 있는 '기부서약the giving pledge'의 회원이기도 하다. 이 재단은 '투자의 귀재' 워렌 버핏과 1세대 IT 기업인인 빌 게이츠가 함께 만든 것이다. 이처럼 미국의 IT 기업인들에게 기부는 이제 당연한 의무이자 문화로 자리 잡아 '아름다운 전통'으로 이어지는 분위기다.

미국의 노블레스 오블리주(noblesse oblige, 사회 고위층 인사에게 요구되는 높은 수준의 도덕적 의무)는 우리나라 세습 문화와 비교된다. 한국 사회에서는 부의 대물림이 심화되면서 부유한 부모를 둔 자식들을 '금수저'라 부르며 이에 대한 논란이 끊이지 않고 있다. 우리나라의 세습 문화는 과거 짧은 자본주의 역사에서 무조건적으로 성공하여 많은 돈을 모아야 한다는 사회적 강박관념에서 시작된 것이라 예상되지만, 제도적인 문제점도 존재한다.

최근 215억 원을 기부하고 225억 원의 증여세를 부과받은 황필상 씨의 경우를 살펴보면 조금은 황당하다. 그는 지난 2002년 8월 자신이 창업한 ㈜수원교차로의 주식 90%(200억 원 상당)와 현금 15억 원을 모교인 아주대학교에 기부해 구원장학재단을 만들었다. 그러나 6년 뒤인 2008년 3월 장학재단에 대한 세무조사가 실시됐고, 같은 해 9월 140억 여 원의 증여세 과세고지서가 수원세무서로부터 날아왔다. 장학재단에 대한 기부라도 현금이 아닌 주식일 경우 '무상 증여'에 해당한다는 취지였다. 장학재단은 이듬해 12월 수원세무서를 상대로 행정소송을 제기했고 대법원이 4년째 판단을 미루는 사이 세무서는 황 씨에게 연대책임을 물어 가산세까지 더해 225억 원을 내라고 지난달 고지서를 보냈다고 한다. 개인의 사회에 대한 호의적인 행동까지 일관적인 법적 잣대로 평가하는 것이 정의인지 의문스러운 부분이다.

이와 더불어 우리나라 재벌들의 기부를 가로막는 이상한 세법이 존재하는데, 지분의 5% 이상을 기부할 때 최대 50%의 세금을 매겨야 한다고 한다. 기부문화를 정착시키려면 이러한 세법제도의 유연화가 불가피하다. 더불어 사회적 인식변화를 위해 유아 인성교육의 확대도 필요하다. 미국 사회에서는 기본적으로 사회와 인간에 대한 신뢰와 감사가 밑바탕에 깔려 있다. 사회와 부에 대한 긍정적인 생각으로 개인의 인성이 물질에 사로잡히지 않게 만드는 것이다. 아이들에게 사람들과 더불어 살아가는 공동체 의식, 대의를 위한 희생정신에 관한 교육으로 사회 인식의 변화를 추구해야 한다.

2016년 4월 8일 인터넷 신문인 《마이데일리》 연예면에 배우커플인 구혜선·안재현의 결혼 소식이 올라왔다. 이들은 화려하고 성대한 결혼식을 생략하고 예식 비용을 소아병동에 기부하기로 했다. 이들의 결혼 소감을 들어보자.

"두 사람은 인생의 순수하고 평화로운 동반자로 만나 오는 5월 21일 서로의 반려자로 평생을 함께하기로 했습니다. 저희가 함께하는 시간 동안 서로를 통해 '타인을 위해 살아간다는 것'이 삶의 어떠한 가치를 지니고 있는지 배워나가고 있으며, 항상 그러한 서로의 가치를 존중하여 살아가고자 합니다."

기사에서는 이들의 결정을 다음과 같이 정리했다. "아픈 어린이들을 위해 따뜻한 마음을 전하며 기부의 가치를 전하고 있다. 인생에서 가장 빛나고 소중한 순간을 타인을 위해 간소화한 그들의 예쁜 사랑이 아름답다.”

연예인들의 기부 소식은 하루이틀 일이 아니다. ‘독도지킴이’로 나선 가수 김장훈을 비롯해 배우 문근영, 개그맨 유재석 등 우리나라의 많은 연예인들이 기부를 하고 있다.

2014년 4월 16일에는 탑승인원 476명 중 295명이 사망하고 9명이 실종된 세월호 침몰사고가 발생했다. 이때에도 실종자들을 애도하기 위한 연예인들의 기부행렬이 줄을 이었다. 그들은 이 사건을 이용해 홍보할 목적으로 기부를 한다는 부정적인 시선을 우려하여 조심스럽게 기부에 동참하거나 익명으로 참여했다.

그러나 당시 모든 매체는 연예인 기부자 명단과 기부금액을 비교하는 기사를 쏟아냈다. 매일같이 지금 얼마를 누가 냈으며, 누구는 왜 안 내고 있는지를 언급했다. 이에 일부 네티즌들은 대중에게 호평을 받아온 연예인들 중에 아직 기부자 명단에 이름을 올리지 않은 이들을 질타하거나 기부할 것을 요구하기도 했다.

당시 대기업들도 기부에 나섰다. 그러나 기부금액은 밝히지 않았다. 자칫 ‘이미지 마케팅’이라는 오해를 받을까 염려했기 때문이다. 그러나 네티즌들이 연예인에게 하듯이 어느 기업가가 기부를 했네 안 했네, 반드시 기부를 해야 한다던가, 이전에 어딘가에 했던 금액보다 더 많이 해야 한다는 식의 비판은 찾아보기 힘들다.

2015년 4월 29일 보건복지부는 국세통계연보, 통계청 사회조사 등을 분석한 ‘2014년 국내나눔실태’ 결과를 발표했다. 2013년 우리나라의 기부금은 12조 4,900억 원으로 국내총생산의 0.87%에 불과했다. 그러나 기부총액에서 개인의 기부가 차지하는 비율은 62.7%로 법인의 기부금보다 높았다. 개인 기부금은 7조 8300억 원, 법인의 기부금은 4조 6500억 원이었다.

개인 기부에 우리나라 기업인의 기부액이 얼마나 되는지는 확인할 수 없지만, 아름다운재단 연구교육팀장은 "미국의 경우, 기업의 기부금보다는 기업가의 기부금이 훨씬 많다"면서 "우리나라 기업가의 기부금이 굉장히 드물다"고 지적했다. "우리나라 기업가들은 기업의 수익으로 기부를 하는 것이지 그들이 거액의 자산을 내놓는 것이 아니"라고 했다.

한 한국보건사회연구원 연구위원은 사회 지도층의 '노블레스 오블리주'가 부족하다면서 "정부가 기부기관의 투명성을 높이고 기부 모범 사례 등을 널리 알리면 GDP 대비 기부 비율도 증가할 것"이라고 말했다.

2014년 국내 나눔실태조사 결과 응답자의 54.6%가 기부문화 확산을 위해 '사회 지도층과 부유층의 모범적 기부 증대'가 필요하다고 했다. 19.9%는 '기부단체의 자금운영 투명성 강화', 16.7%는 '나눔에 대한 인식 개선', 4.9%는 '소득공제 확대 등 정부지원 강화'를 꼽았다.

결과적으로 우리나라 기업인들의 개인 기부는 매우 저조하다는 것을 알 수 있다. 어쩌면 기업인들은 기업 기부에 의지해 자신이 개인적으로 기부한 것으로 믿고 있을지도 모를 일이다. '2014년 국내나눔실태'에서 밝힌 '2012년 최근 한 달간의 기부참여율'에 따르면, 우리나라의 개인 기부는 32.7%로 OECD 34개 국가 중 24위에 머물렀다. 1위는 영국으로 72.5%, 아일랜드(70.7%) 네덜란드(69.2%) 캐나다(68.5%) 등은 국민 3명 중 2명이 기부에 참여했다. OECD 평균도 43.5%로 우리나라보다 높다.

영국의 기부활동은 젊은이들의 혁신적인 아이디어를 이끌어내고 그들이 벤처 창업을 할 수 있도록 돕는다. 2012년에 영국 왕립 예술학교 RCA에 한 기업가의 기부로 혁신센터가 세워졌다. 이 혁신센터에서 창업에 성공한 벤처 기업은 25개, 이들이 판매한 제품으로 거둔 매출은 127억 원이다. 이들의 성공 소식에 몰려든 투자 금액은 240억 원이다.

성공한 한 기업가의 기부는 젊은이들의 열정을 도전과 혁신의 DNA로 바꿔놓는 데 성공했다. 저성장으로 많은 청춘들이 일자리를 얻지 못해 '금수저·흙수저론'에 낙담하며 '헬조선'을 떠나자고 외치는 이때, 좋은 사례가 있음에도 한국 경제를 이끄는 일부 그룹의 CEO들은 기부에 침묵하고 있다. 우리 정부는 원칙만 내세우며 이들의 기부를 이끌어내지 못하고 있다.

영국의 경제학자인 앨프리드 마셜Alfred Marshall은 "경제학을 하기 위해서는 차가운 머리와 뜨거운 가슴이 필요하다"라고 했다. 또 전광우 연세대 석좌교수이자 전 금융위원장은 2015년 12월 7일 《조선일보》 칼럼에서 "기업가정신과 사회적 책임은 동전의 양면이다. 역동성과 창의성이 기업가정신의 필요조건이라면, 사회적 책임감과 도덕적 의무감은 충분조건이다"라고 했다. 그러나 분명 '노블레스 오블리주'는 자발적인 의지로 실천돼야 한다.

영국의 사례에서 보듯이 기업가의 기부는 기업을 이끌어갈 인재를 끌어 모으는 동시에 인재들의 동력을 활용해 신사업을 일으킬 수 있다. 더불어 기업의 이미지를 향상시킬 수 있다. 따라서 기업가의 기부는 단순한 선행이 아니라 그것이 돌고 돌아 자신에게도 이득이 되는 일이다. 마음도 편하고 훗날 자신의 부를 늘리는 종자나 다름없다. 한편 기업가의 기부로 청년 실업이 줄고 나라의 경제가 활성화되면, 정부 입장에서는 구체적인 내용은 없으면서 개수만 늘리는 일자리 만들기에 고심할 필요가 없다.

전 국민이 기부를 자연스럽게 느끼고 실천하는 것은 분명 중요하다. 그러나 기업가들과 정부가 어떤 선택을 하면 국민과 기업가 그리고 기업과 국가에게 좋은지는 자명하다.

2015년 4월 29일 정유신 서강대 경영학부 교수는 《한국일보》에서 "미국의 기부 증가율이 높은 것은 기독교 정신에 입각한 기부 정신의 영향도 있지만, 개인 기부금에 대한 소득공제가 총소득의 50%까지 인정되는 등 개인의 기부를 유도하는 제도의 영향이 크다"고 밝혔다. 그리고 "개인의 기부는 양극화 완화에 중요한 역할을 한다"라는 점을 지적했다.

개인, 특히 기업가의 기부를 활성화하기 위한 세제개편도 필요한 시점이다.

지옥을
경험하라

드디어 지옥 수업의 마지막이다. 그동안 학생들의 글과 매 강의마다 정리한 시사 리스트를 통해 자신의 특별한 생각들을 키우고 표현하는 연습을 해왔을 것이다. 만일 연습은 못했더라도 어느 정도 비판 인식을 갖고 내가 인용한 많은 기사들과 인터뷰 내용, 학생들의 의견을 읽었을 것이라 생각된다.

이번 마지막 16강은 당신 차례다. 그동안 당신은 각 이슈들에 대한 쟁점을 파악하고 비판했을 것이다. 아마도 대개 속으로 생각하거나 속된 말로 비 맞은 중처럼 구시렁거렸을 것이다. 그것을 글로 써보자. 학생들이 쓴 글을 읽고 그에 관련된 정보와 기사들을 모아 당신의 생각과 버무려 쓰는 것이다.

그게 마음에 들지 않는다면 다음에 정리해놓은 시사 리스트에서 한

두 가지를 선택해 써볼 수도 있다. 어떤 주제로 쓰든 선택은 당신 자유다. 단, 이것은 누군가에게 보여주기 위한 것이 아니다. 회사에 제출해야 하는 보고서도 아니다. 그러므로 해결책을 제시할 필요가 없다.

당신이 그동안 눈으로 훑어본 많은 이슈들은 당장 해결될 성격의 문제들이 아니다. 영화《어벤져스》에 등장하는 영웅들이나 오래된 슈퍼 영웅인 슈퍼맨이 나타나도 단박에 해결되지 않는다.

부담 갖지 말고 당신이 생각하고 느낀 바를 논리정연하게 작성해보자. 문제점을 알고 있고 비판할 수 있다는 것만으로도 충분하다. 그런 생각들이 모여 당신을 특별하게 만들고, 특별한 당신들이 모여 우리 사회를 특별하게 만든다.

시사 리스트 (12월 7일~12월 12일)

- 한상균 '시위 뒤 출두' 약속, 믿은 게 잘못이었나?
- 비서관 월급 상납받은 '갑질' 국회의원
- 2060년 국가부채 158% … 포퓰리즘의 종말이 무섭다
- 2015년 2%대 성장 보고도 경제활성화법 묵혀둘 텐가?
- 국제 망신 자초한 '대통령 보도' 과잉 대응
- 법무부, 司試 존치 유도한 여론조사 부끄럽지 않은가?
- 종교 시설도 언제까지 '治外法權 지대'일 순 없다
- 서해대교 케이블 화재, 복구로 끝날 일이 아니다
- 4년 만에 끝난 무역 1조 달러 … 쪼그라드는 수출 한국
- '기업과 재벌 대주주 특혜' 줄 뿐인 원샷법
- 막장 집안싸움도 모자라 국회마저 걷어차는 野黨

- 차베스黨 참패, 한국 左派들 그래도 그를 찬양할 건가?
- 저유가 장기화 … 한국 경제 치열한 혁신이 필요하다
- '이슬람 증오'를 부추기는 트럼프의 망언
- '존엄사' 法으로 보장, 연명 치료 본인이 결정하는 게 최선
- 신기남 의원, 나랏돈으로 아들 해외연수까지 보냈나?
- 평지풍파 불러온 '사시 폐지 유예' 방침 철회해야
- 재벌들, 초대형 기업합병 보고도 문어발 경영 고집할 텐가?
- 조폭과 어울려 도박한 프로야구 선수는 영구 퇴출시켜야
- 불법시위 이어 불법파업하겠다는 민주노총
- 이 정도 저출산 대책으로 결혼하고 애 낳으려 할까?
- 교류협력 없는 '대박론', 통일비용만 키워
- 선거구 확정, 새누리당이 고집 꺾는 게 옳다
- 세월호 단원고 교실, 이제 재학생들에게 돌려줄 때다
- 법안 처리 안 하고 '現役 의원 기득권'만 챙기는 국회
- 수수료 장사만 하는 금융사는 반퇴세대 외면받을 것
- 北 김정은 "수소폭탄 보유" 발언 무시해도 되나?

비정규직을 위한 법안이 도리어 그들의 자리를 뺏는다

김○○ 김○○ 김○○

2010년 5월에 조선대 시간강사였던 서모 씨가 스스로 목숨을 끊었다. 교수 채용과정에서 돈이 오가고 논문 대필이 광범위하게 이뤄지고 있다는 사실을 폭로하는 유서를 남기며 자살했고, 이 사건은 시간강사의 삶이

얼마나 열악한지 보여줬다. 이를 계기로 대학 강사의 처우를 개선하자는 취지로 고등교육법(일명 시간강사법)이 개정되었고, 내년 1월 시행을 앞두고 있다. 그러나 정작 시간강사의 91%가 개정된 고등교육법 시행을 반대한다.

교과부의 자체 워크숍 자료에 따르면, 교원확보율에 포함되는 강사는 주당 9시간 이상 강의하는 사람으로 명시돼 있다. 법이 시행될 경우 대학은 비용을 절감하기 위해 9시간 이상 강의하는 강사에게 수업을 몰아주며 현재 강의하고 있는 시간강사 중 약 70%인 9시간 미만 강의하는 강사를 대량 해고할 것이다. 시간강사법에 포함되어 계약을 한 강사는 150만 원 정도의 급여를 받는다. 하지만 한 대학과 계약을 하면 다른 학교에서는 강의를 할 수 없기 때문에 실질적으로 시간강사의 처우가 개선되지 않는다. 또 6개월이던 계약 기간을 1년 단위로 연장한 것 역시 고용이 불안하기는 마찬가지다.

법안이 시행될 경우 학생들의 학습 역시 침해를 받는다. 대학에서는 강사의 수를 줄이기 위해 전임교수의 강의를 늘리고 소규모로 이뤄지던 강의를 100명 이상의 대형 강의로 바꿀 것이다. 이는 연구를 해야 하는 교수 및 박사, 박사수료생들의 연구시간 부족과 연구의 질 저하, 더불어 수업의 질 저하까지 초래할 것이다.

2011년 국회에서 통과된 이후 이 법은 2012년, 2013년 두 차례 시행이 유예된 적이 있다. 지금은 한국대학교육협의회에서 국회와 교육부에게 법 시행을 늦추거나 아예 법을 폐지하라고 요구 중이다. 개정된 법안의 시행을 반대하는 이유는 그 법안이 현실에 도움이 되지 않기 때문이다.

법을 제정하는 것은 국회이지만, 법이 적용되는 곳은 국회 밖이다. 아무리 선의를 위해 만든 법안이더라도 현장에서 다른 의미로 해석이 되면 그 법은 잘못된 것이다. 고등교육이 발전되기를 원한다면 시행령을 마련할 것이 아니라 법을 개정해야 한다. 계약 기간을 연장하기보다는 비정규직을 정규직으로 채용하는 비율을 늘려야 하고, 비정규직에 대한 처우 역시 개선되어야 한다. 또 수업의 질을 높이기 위해 한 강사에게 많은 인원의 여러 강의를 할당하기보다는 적절한 비율로 강사와 학생을 배치하여 교육의 질을 높여야 한다.

영화 〈죽은 시인의 사회〉에서 교사 존 키팅은 많은 학생의 삶에 큰 영향을 준다. 참교육이란 그런 것이 아닐까? 한 교육자에게 훌륭한 교육을 받고 자란 학생이 많은 사람의 삶에 영향을 주는 현상이 반복된다면 사회에 큰 변화를 만들 수 있다. 시간강사들 역시 교육자다. 한국 사회의 고등교육을 위해 끝없이 공부하고 연구를 반복하며 노력하고 있다. 시간강사 한 사람으로 인해 우리의 사회가 바뀔 수 있다.

서 씨는 유서에서 스스로를 노예라고 부르며 세상이 밉고 한국의 대학 사회가 증오스럽다고 절규했다. 다른 이에게 배움을 주던 교육자의 입에서 그런 소리가 나오도록 만든 사회는 반성해야 한다. 시간강사들이 교육자로서 자부심을 가지고 학생들을 가르칠 수 있도록 현실적인 법안이 그들을 도와주어야 할 것이다.

글을 쓰기에 앞서 이 주제와 관련하여 생각해볼 점들을 짚어보자. 이 질문에 대해 답을 할 수 있다면 당신의 생각을 글로 정리하기가 매우 수월해질 것이다. 이 질문들과 더불어 다른 질문들이 떠올랐다면 메모해서 조사를 해보자. 또 다음에 나오는 2015년 2학기 시사 이슈 학기말 시험을 토대로 문제를 만들어 글을 쓰는 데 활용할 수도 있다.

- 현재 대한민국 대학 사회의 문제점은 무엇인가?
- 고등교육법의 내용을 아는가?
- 개정된 내용은 무엇인가?
- 왜 시간강사들은 개정된 고등교육법 시행을 반대하는가?
- 개정된 고등교육법의 문제는 무엇인가?
- 만일 개정된 고등교육법이 시행된다면 발생할 수 있는 또 다른 문제점은 무엇인가?
- 만일 개정된 고등교육법이 시행되지 않는다면 어떤 문제점이 예상되는가?
- 개정안에 대한 국회의 오류가 있다고 생각하는가? 그렇다면 그것은 무엇이라 생각하는가?
- 시간강사의 필요성에 대해 설명할 수 있는가?
- 시간강사의 수를 줄이면 어떤 문제가 야기되는가?
- 대학이 시간강사를 비정규직으로 채용하는 이유는 무엇인가?
- 국회와 교육부에게 법 시행을 늦추거나 아예 법을 폐지하라고 요구하는 사람들이 우려하는 바는 무엇인가?
- 시간강사에 대한 현실적인 법안에 대한 의견이 있는가?
- 당신이 생각하는 참교육이란 무엇인가?

2015년 2학기 시사 이슈 학기말 시험

1. 다음 각 문항에 대해 50자 내외로 간단히 설명할 것(1번부터 37번까지 각 2점)

   1) 내년도 예산은 얼마이며 올해 예산의 특징은?

   2) 아일란 쿠르디

   3) 라호이 총리의 뚝심정책

   4) 프라이카우프 방식

   5) 청년희망펀드

   6) 폭스바겐 사태

   7) 이태원 살인사건

   8) 선거구 확정

   9) 올해 노벨 평화상과 문학상 수상자와 특징은?

   10) TPP

   11) FTA

   12) AIIB

   13) 사이버 사찰

   14) shadow doctor

   15) KFX사업

   16) 포자방 수사

   17) 광군제

18) Next Decade 100 Project

19) 두 자녀 정책

20) THADD

21) 국회선진화법

22) 남지나해 영토분쟁

23) 이봐 해봤어?

24) 해남군이 왜 뉴스의 중심이 되었을까?

25) 스마일마스크증후군

26) ISA(소위 만능통장)

27) 금수저, 흙수저

28) 구글세란?

29) Re-shoring

30) 클라우드 펀딩

31) 표지갈이

32) 三金時代, 兩金시대

33) 복면금지법

34) gentrification 현상

35) 시간강사법

36) SDR

37) 사시 존폐 갈등

37) 매스미디어와 매스커뮤니케이션의 개념에 대해 그림을 그려서
    설명하라.

2. 아래의 주제 중 하나를 골라 600~1000자로 사건 개요와 자기 생각을 서술하시오

1) 정부가 12일 한국사 교과서 국정화 확정 방침을 공식 발표했다. 국정 역사교과서를 2017년 1학기부터 학교 현장에 적용하겠다고 했다. 국정교과서 논란에 대해 서술하시오.

2) 정부와 여당은 5대 노동개혁 입법을 서두르며 올해 안에 노동개혁을 마무리해야 한다고 서두르고 있다. 반면에 야권은 역사교과서 국정화 전환 확정고시에 불복하며 국회 모든 일정을 '보이콧' 선언하는 등 강경 투쟁에 나서 결국 정기국회 회기 내에 결론을 내지 못했다. 노동개혁의 골자는 무엇인지? 노동개혁에 대한 자신의 의견을 서술하시오

3) 지난 11월 14일, 서울 도심에서 대규모 민중 총궐기 시위가 일어났다. 집회를 주도한 투쟁본부는 당초 경찰에 광화문 광장에서의 집회 신고서를 제출했지만 경찰은 불법 폭력시위를 우려하며 차벽을 설치했고 시위대 또한 경찰의 과잉대응을 예단해 밧줄과 쇠파이프 등의 시위 도구를 미리 준비해 복면까지 쓰고 폭력 과격시위를 벌였다. 12월 5일 시민궐기대회는 양측이 자제하여 평화적 시위로 끝났다. 그리고 시위를 주도한 민노총위원장 한상균은 조계사 피신 후 자진출두 형식으로 나와 현재 구속영장 청구 중에 있다. 불법시위냐? 경찰의 과잉대응이냐에 대한 자신의 생각을 서술하시오.

5장

Practice

천국의 문

나는 1장과 2장에서 당신이 스스로 특별한 사람이라고 믿도록 동기 부여를 했다. 3장과 4장에서는 당신이 특별한 사람임을 확신할 수 있도록 당신의 능력을 끄집어내는 훈련을 도왔다. 5장에서는 당신이 특별하다고 여기기 시작했다는 것을 전제로, 그것을 당신의 마음속에 새기게끔 이끌 것이다.

대단한 것을 기대하지 마라. 여기에서는 1장과 2장에서 다루지 못한 몇몇 특별한 사람들에 대해 말할 것이다. 머리만 믿고 공부를 안 한 아이가 어떤 미래를 맞이하게 되는지 누구나 짐작할 수 있듯이 당신이 자신의 특별함만 믿고 노력하지 않는다면 어떤 일이 벌어지는지에 대해 설명할 것이다. 그리고 당신이 찾아낸 특별함이 빛을 잃지 않고 유지할 수 있는 방법에 대해서도 언급할 것이다. 아주 간단하게!

도전과
응전의 원리

'도전과 응전'이라는 말을 아는가? 영국의 역사학자이자 사회개혁가인 아널드 토인비 Arnold Toynbee가 한 말이다. 그는 인류의 발전과정을 도전과 응전의 역사라 했다. 도전은 좋아하는 것, 하고자 하는 것에 대한 꿈이 이끄는 힘이다. 응전은 도전으로 인한 고통을 극복하고자 하는 의지, 즉 자신의 처한 상황과 현실을 극복하고자 하는 힘에서 생겨난다.

인류의 역사를 살펴보면 수많은 문명이 등장했다가 사라졌다. 잉카 문명, 마야 문명 등은 흔적도 없이 사라진 반면, 중국을 중심으로 한 황하문명, 인도문명, 이집트 문명 등은 지금도 건재하다. 토인비는 이것에 대해 자연재해나 외세의 침략 같은 도전을 받지 않은 문명은 멸망했지만, 심각할 정도로 도전을 받았던 문명은 지금까지 찬란하게 발전해오고 있다는 것을 알아냈다. 살아남은 모든 것은 살아남을 만한 특별함이 있다. 예를 들어 이집트 문명은 해마다 겪는 나일 강의 범람 때문에 태양력과 기하학, 건축술, 천문학이 발달했다. 우주에서도 선명하게 보인다는 만리장성을 쌓아올린 황화문명은 거친 유목민의 끊임없는 침략에서 살아남았다.

우리 민족에게도 수많은 도전을 극복하고 5000년 역사를 이어온 특별함이 있다. 멀리는 고조선 때부터 삼국시대, 고려, 조선으로 이어지면서 수많은 외세의 침입과 일본에 나라를 빼앗기는 국치를 당하기도 했다. 광복 후 나라가 둘로 쪼개지고 6.25동란이라는 민족상잔의 비극까지 겪었다. 그럼에도 우리 민족은 살아남아 세계 15위권의 경제대국으로 성장했다.

과연 대한민국의 특별함은 무엇일까? 누군가는 '은근과 끈기'라고 하고, 누군가는 '빨리 빨리'라고 하고, 누군가는 '뛰어난 인재들 덕분'이라고 한다. 어느 하나를 딱 짚어서 대답할 수 없을 것이다. 어쩌면 이 모든 것이 '우리의 특별함'일 것이다. 아무렴 어떤가? 많은 학자들이 말하길, 대한민국은 앞으로 더 위대한 나라가 될 것이라고 한다. 그러기를 바란다.

아널드 토인비는 저서 《역사의 연구》에서 "특별함은 힘든 역경과 치열한 도전을 극복한 후에 얻어지는 응전의 힘으로 나타난다"라고 설명했다. 자연의 도전에 대한 인간의 응전이 인간 사회의 문명과 역사를 발전시키는 원동력이라면, 다른 사람과의 경쟁과 사회의 변화에 적응하는 과정에서 우리에게 만들어진 도전과 응전의 DNA는 우리를 특별한 존재로 만드는 바탕이 될 것이다. 그러므로 당신이 처한 고난과 역경은 당신에게 새로운 DNA를 만들어줄 것이다.

'정글의 법칙'에서
살아남기

세상에서 가장 치열하게 피었다가 지는 꽃을 아는가. 지구상에서 가장 건조한 땅 중에 하나로 아프리카 사하라 사막을 꼽는다. 그곳에도 식물이 있다. 사하라 사막에는 불시에 비가 내린다. 한두 시간에 집중적으로 쏟아진다. 삽시간에 불어난 빗물은 골짜기로 모여 강을 이룬다. 이것을 건천이라 한다. 건천은 2~3일 반짝 흘렀다가 없어진다. 보름 후면 비가 언제 내렸나 싶게 물기가 바싹 마른다.

'아세브'는 물이 있는 보름 동안 서둘러 생존을 향한 경주를 한다. 비가 내리면 땅속에서 잠을 자던 씨앗이 생명의 물을 마시고 움을 틔운다. 물기가 남아 있는 일주일 동안 줄기를 키워내고, 물기가 마르기 시작하면 꽃을 피운다. 마지막으로 물기가 마르기 전에 씨앗을 만들어 그곳에 뿌려두고 사그라진다. 언제 다시 비가 올지 모르지만 싹을 틔울 그날을 기다리며 또다시 깊은 잠에 빠진다.

동물의 세계는 더 치열하다. 정글에서는 잠시라도 방심하면 목숨을 잃는다. 물소는 지구상에서 가장 힘이 센 동물 가운데 하나다. 몸집도 크고 화가 나면 무서운 뿔과 뒷발길질을 해대서 사자도 함부로 사냥을 시도하지 못한다. 그런데도 물소는 이따금 사자의 먹이가 된다. 사자들은 어떻게 물소를 사냥할까?

새끼를 가진 암사자는 필사적이다. 그렇다고 혼자 물소를 사냥하지 않는다. 무리와 힘을 합쳐 기회를 엿본다. 물소도 경험을 통해 웬만해서는 무리에서 떨어지지 말아야 한다는 걸 안다. 대오를 튼튼히 유지하며 사자에게 기회를 주지 않으려 한다. 사자 무리는 오랜 시간 물소 떼 주위를 서성인다. 방심한 물소가 무리에서 이탈하는 것을 기다리는 것이다. 아주 잠깐, 괜찮겠지 하는 사이에 사자가 덮친다. 방심의 결과는 처참하다. 물소는 저항해보지만 자식의 생존을 위한 사자의 절박함을 이겨내지 못한다. 물소는 찰나의 틈만 보였을 뿐인데 '정글의 법칙'에 여지없이 걸려들고 만다.

정글의 법칙에는 '조금'이라는 단어가 통용되지 않는다. '조금'이라도 방심해서는 안 된다. '조금'이라도 한눈팔아서도 안 된다. 아주 '조금'만 무리에서 이탈해도 곧 죽음이다.

새들의 세계도 예외가 아니다. 괭이갈매기는 매년 4월이 되면 무인도를 찾는다. 번식기가 되어 제 짝과 제 둥지를 찾으려 하기 때문이다. 새 식구를 맞이한 섬에는 둥지를 벗어나 죽임을 당한 새끼들의 사체가 점점 늘어난다. 제 가족만을 챙기는 괭이갈매기는 어미 소리를 알아보는 새끼만 거둔다. 새끼 괭이갈매기가 대열에서 이탈하거나 길을 잃고 헤매거나 홀로 딴 짓을 하면 이웃 괭이갈매기들의 공격을 받는다. 같은 괭이갈매기임에도 이웃은 새끼를 적으로 간주하여 가차 없이 공격을 가한다. 어미 품에서 떨어져 나간 새끼를 부리로 쪼면서 넘어뜨려 가파른 바위 밑으로 굴러 떨어지게 한다. 이기적인 생존본능은 이처럼 참혹하다.

　우리가 살아가는 세상에도 '정글의 법칙'이 존재한다. 대학을 졸업하고 사회에 나갈 경우에 이렇게 치열하고 처절한 경쟁이 당신 앞에 펼쳐질 것이다. 그런데 그 경쟁의 대열에서 조금이라도 벗어나거나 딴 짓을 하다가는 새끼 괭이갈매기처럼 비참한 최후를 맞이할 수도 있다. 그래서 어떠한 경우에라도 무한경쟁의 시대에서 살아남아야 한다. 살아남아야 인생역전도 가능한 것이다.

부레 없는 상어가
수중 강자가 된 이유

2011년부터 중국은 세계 최강국으로 세계 경제를 주도했던 미국을 바짝 추격해왔다. 2020년이면 미국을 추월해 세계 경제 1위를 차지할 것이라는 전망도 있다. 최근 몇 년간 갑작스런 성장세에 중국에서도 부자들이 많아졌다. 그 덕분에 부의 상징으로 알려져 판매량이 급증했던 요리가 있다. 상어 지느러미로 만든 '삭스핀'과 철갑상어의 알로 만든 '캐비아'다. 지금은 멸종 위기에 몰린 상어보호운동 때문에 인기가 사그라지고 있다.

상어는 한순간도 헤엄치는 것을 멈추지 않는다. 상어가 멈추지 않는 이유는 바다에 사는 수많은 물고기 가운데 상어만 부레가 없기 때문이다. 부레는 물고기가 물에 뜨게 하는 역할을 한다. 상어는 간이 순전히 지방덩어리인데다 다른 물고기보다 크기가 커서 물에 잘 뜰 수 있도록 적응했다. 하지만 부레가 없기 때문에 잠시라도 멈추면 물속에 가라앉는다.

물고기들은 아가미를 움직여 산소를 공급받는다. 그러나 상어는 아가미가 덜 발달되어 있다. 아가미를 움직일 수 없는 상어는 바다 속에서 산소 부족으로 죽게 된다.

그래서 상어는 태어나면서부터 지느러미를 활용해 쉬지 않고 움직여야만 한다. 상어는 약 4억 2천만 년 전부터 바다를 누벼왔다. 사람들은 상어의 지구력과 강인한 스테미나의 상징인 삭스핀과 캐비아를 온몸으로 받아들여 이 세상의 '포식자'가 되려 했는지 모른다.

우리에게는 무엇이 없는가? 상어는 부레 대신 간의 능력을 최대치로 끌어올려 지느러미로 그 역할을 대신했다. 우리는 무엇으로 없는 것을 대신할 수 있는가?

기회를 안겨주는
캐처 시스템

야구에서 투수는 포수와 서로 약속한 공을 던진다. 경기를 이기기 위해 그들은 타자가 공을 치지 못하도록 사인을 주고받는다. 그러나 투수가 포수의 사인을 잘못 받아들이거나 실수를 하면 실투를 하게 된다. 포수의 역할은 약속한 공이 아니더라도 모두 받아내야 하지만, 공을 받지 못할 수도 있다. 그러므로 실점을 하지 않기 위해서는 포수는 어떠한 공도 받아내는 훈련을 해야 한다.

세상의 일자리나 기회를 투수라고 하고, 그것을 손에 넣어야 하는 사람들을 포수라고 해보자. 2014년 말에 개정된 《한국직업사전》에 따르면, 사회에는 무려 1만 4881개의 직업이 있다. 이 가운데 우리가 선택해야 하는 것은 한두 개 정도다. 경우에 따라서는 서너 개의 직업을 가질 수도 있다. 최근 먹방의 대가로 떠오른 백종원은 요리연구가, 기업 대표이사,

방송인, 작가로 바쁘게 활동하고 있다.

야구에서는 투수가 포수에게 약속된 공을 던지려고 한다. 그러나 사회에서는 일자리나 기회를 우리에게 약속하지 않는다. 공급자적 시각에서 마구 던지는 것과 같다. 상하좌우, 이쪽저쪽 가리지 않고 마구 던진다. 언제 어디서 공이 어떻게 날아올지 모르므로 포수인 우리는 그 공을 받기 위해 노력해야 한다. 내가 받을 수 있는 공이 어떤 것인지, 내가 훈련을 하면 어떤 공을 받을 수 있는지 알아야 한다.

이것이 자신만의 캐처Catcher 시스템이다. 날아오는 공의 유형을 파악해서 나에게 맞는 맞춤형 훈련을 해야 한다. 맞춤형 훈련은 무엇일까?

법학을 전공한 사람에 비유해보겠다. 그가 포수가 되어 받을 수 있는 공은 사법고시를 준비하거나 로스쿨을 가거나 기업 법무팀에 취직하는 것이다. 그러나 이것이 약속된 공처럼 눈앞에 다가올 리 없다. 그가 쉽게 받을 수 있는 공도 아니다. 법학과 무관한 언론사 기자나 기업의 마케팅 담당 공이 날아올 수도 있다. 어떤 공이든 받을 준비가 되어 있지 않다면 공을 놓치고 빈 글러브만 내려다보고 있어야 한다.

투수가 던지는 공에는 공을 쥐는 방법에 따라 크게 10가지가 있다. 직구, 커프, 팜볼, 슬라이더, 포크볼, 너클볼, 스크루볼, 싱커, 체인지업, SF볼이 그것이다. 그리고 투수의 투구자세에 따라 공의 속도가 달라진다. 투구자세는 대개 머리 위에서 던지는 오버핸드스, 옆으로 던지는 사이드암스, 아래에서 던지는 언더핸드스가 있다. 오버핸드스는 오버핸드와 쓰리 쿼터로 나뉜다.

투수들은 이 모든 것을 훈련하지 않는다. 자기에게 맞는 투구자세를 익히고, 자신만의 무기가 될 만한 구질만 집중 훈련한다. 하지만 포수는 투수가 던지는 모든 공을 다 받을 수 있는 훈련이 필수다. 그래야 경쟁력을 키울 수 있다.

아나운서를 꿈꾸는 사람은 대부분 아나운서 양성학원과 방송 아카데미를 다닌다. 물론 기본적인 소양을 익힐 수는 있다. 그러나 정형화된 교육과 모델로는 똑같이 훈련하고 연습한 경쟁자들을 물리치기 힘들다. 변별력을 갖춰야 한다.

나는 내 수업을 듣는 사람 중에 아나운서 지망생이 있으면 시사공부부터 하면서 사회를 보는 안목을 넓히라고 한다. 그리고 미디어에 적합한 글을 쓰게 하여 비판의식을 기르도록 한다.

다시 야구 이야기로 돌아가 보자. 야구는 기록의 스포츠다. 야구 중계를 보면, 아나운서나 해설자가 투수의 방어율과 타자의 타율을 말하면서 투수가 타자에게 어떤 공을 던져야 유리하며, 포수가 어떤 역할을 해야 하는지 설명하는 것을 들을 수 있다. 그들 앞에는 야구의 모든 것을 꼼꼼하게 분석해 자료화한 기록지가 앞에 놓여 있다. 그들은 각 팀의 선수와 타격 내용, 선수들의 수비 위치, 아웃카운트, 잔루, 득점 상황, 출루, 실책 그리고 타율과 방어율 같은 선수들 개인의 기록도 일일이 확인한다.

캐처 시스템은 야구의 기록지처럼 우리 자신의 능력을 꼼꼼하게 분석하는 것이다. 당신은 전공에 상관없이 어떤 기회든 검토할 수 있어야 한다. 그것을 받아들일 수 있도록 준비해야 한다.

세상사는 데에 정답이 어디에 있을까. 더는 정답같이 정해진 공만 주고받지 말자. 당신의 개성과 능력에 맞는 캐처 시스템을 구축하면 신나고 역동적인 인생을 만들어나갈 수 있다.

코이잉어의
적응력을 배우자

천국의 문

솔직하면서도 용감하게 한마디 하겠다. 목에 칼이 들어와도 이 말은 해야겠다.

"요즘 대학생들은 너무 무식해. 무식하다 못해 한심해."

내게 돌팔매질을 하고 싶은 이들이 있다면, 내가 아래에 언급한 이슈들에 대해 그들이 몇 퍼센트나 이해하며 의견을 말할 수 있는지 생각해보기를 바란다.

- 북한이 광명성 4호라는 장거리미사일을 발사하자 '사드THADD' 배치 문제가 현안으로 떠올랐다. '6자회담'을 해야 하는가? 과연 그것이 성사될까?
- 유가하락과 세계 경제 불안으로 연일 국제증시가 폭락하고 있다. '미국

연준FOMC'은 금리인상은 고사하고 마이너스 금리를 운운하고 있다. 이에 일본의 '아베노믹스'는 심각한 타격을 받고 있다.

- 우리나라는 2014년에 발족한 'TPP(환태평양 경제동반자 협정)' 가입 여부를 고민하고 있다.
- '자스민 혁명'과 종교분쟁으로 촉발된 중동, 아프리카 지역의 내전으로 대규모 난민이 발생했다. '아일란 쿠르디' 사건으로 난민문제가 국제적 이슈로 떠올랐다.
- 'IS'라는 무장단체가 대규모 테러를 저지르고 있다. 그들은 세계적인 문화재마저 파괴하는 등 세계 각국을 긴장시키고 있다.
- '누리과정' 예산 편성 문제로 '보육대란'이 일어났다.
- 4.13 총선을 앞두고 새누리당에서는 '상향식공천제' '진박vs친박' 논란이 일고 있다.

소위 명문대라는 SKY 대학생들과 대화할 기회가 있었다. 나는 그들에게 최근에 일어난 정치·경제·사회·외교·역사 이슈를 물어보았다. 그들은 하나같이 먼 산만 쳐다보았다. 그들은 마치 내가 멸족 위기에 처한 소수 민족의 언어로 말하고 있다는 표정들이었다.

11년 동안 대학에 강의를 나가면서 내 머릿속을 꽉 채운 걱정거리가 생겼다. 우리나라 대학생들을 이대로 놔두면 대한민국에는 희망 없다는 것이다. 명문대의 명성에 걸맞지 않게 그들은 정말로 무식했다. 이것은 과연 대학생들만의 잘못인가?

EBS에서 〈시험〉이라는 6부작 다큐멘터리가 방송된 적이 있다. 총 6부 중 4부의 제목은 '서울대 A⁺의 조건'이었다. 서울대 교육과학혁신연구소장인 이혜정 교수가 서울대 교수학습개발센터 교수로 재직했던 경험을 살려 '서울대에서 A$^+$ 학점을 받는 학생들은 어떻게 공부하는가?'에 대해 연구했다. 대상은 두 학기 연속으로 4.0 이상 학점을 받은 150명의 우등생이었다. 이 교수는 조사에 응한 46명의 동의를 얻어 연구대상의 수업태도, 공부방법 등에 대해 연구했다(이후 연구대상을 전교생으로 넓혀 'SNU Best Learner Project'라는 제목으로 또 다른 연구를 마쳤으나 내용을 공개하지는 않았다. 그 이유는 연구자들이 전혀 상상하지 못했던 결과가 나왔기 때문이다).

설문 내용 중 "수업시간에 강연 내용을 토시 하나 빠뜨리지 않고 필기하는가? 요점 또는 중요하다고 생각하는 부분만 필기하는가?"라는 질문이 있었다. 그 결과 강의를 통째로 필기할수록 성적이 좋았다. "시험 답안을 작성할 때 교수의 생각과 나의 의견이 다를 때에는 어떻게 하는가"라는 질문에는 "교수의 생각을 그대로 적으면 성적이 높게 나왔다. 내 생각을 적으면 성적이 낮게 나왔다."

전 과목에서 거의 A$^+$ 학점을 받아 장학금을 탄 한 학생은 이렇게 말했다.

"교수님이 수업시간에 강의한 것을 모조리 필기하고 녹음하고 달달 외웠어요. 시험 때 그것을 그대로 썼죠. A$^+$를 받았고 장학금도 받았어요. 하지만 나는 행복하지 않았어요. 대학에 진학하기 전에는 혼자 공부해야 했기 때문에 힘들기는 했지만 재미있었고 보람도 있었거든요. 하지만 대학 공부에서 나는 없었어요. 학점 때문에 공부하는 것일 뿐 나는 존재하지 않았죠. 시험이 끝나면 공부한 것들이 머릿속에 남아 있지 않아요. 반면에 내가 원해서 공부한 과목은 성적은 시원치 않았지만 기억에 남아요."

이 교수는 같은 연구를 미국의 객원교수로 가 있던 미시건 주립대학에서 똑같이 실시했다. 8000여 명을 대상으로 이메일을 보냈는데 무려 1035명이 응답했다. 그리고 서울대와는 정반대의 연구결과가 나왔다. 수업시간에 교수의 강의를 받아 적느냐는 질문에 그들의 대답은 이러했다.

"받아 적다 보면 내 생각이 차단되므로 필기를 하지 않는다. 다만 강의를 들으면서 떠오르는 내 생각을 적는다."

시험답안을 쓸 때 교수의 생각과 다를 때는 "당연히 내 생각을 적는다. 학점에 영향을 미치지 않으리라 확신한다. 교수가 내 생각을 존중해 줄 것을 믿는다"라고 말했다.

이 교수는 "한국 교육은 12년 동안 정답을 찾아내는 교육이다. 선생님이 하라는 대로 따라만 하면 된다. 의문을 품으면 혼나기까지 한다. 대학교육까지 시험형 인간으로 만든다. 한국 학생들에게 이렇게 하라고 하면 그들은 정말로 그대로 한다"라며 한국교육의 현실을 개탄했다.

EBS의 〈시험〉은 '정답의 역설'도 말하고 있다. 정답을 정해놓으면 정답 외에는 다른 것은 일체 생각하지 못한다는 것이다. 12명의 학생들을 대상으로 고무뭉치를 주면서 강아지 장난감'이라고 했다. 그리고 갑자기 지우개가 필요하다고 했다. 그들은 어떻게 했을까? 12명의 실험대상자 중 1명만이 이 고무뭉치를 지우개로 활용했다. 또 다른 12명의 학생들에게 고무뭉치를 주면서 '강아지 장난감일수 있다'라고 제시했다. 마찬가지로 갑자기 지우개가 필요하다고 했더니 12명 중 6명이 고무뭉치를 지우개로 사용했다. 이 실험에서 알 수 있듯이 정답을 정해놓으면 그만큼 사고체계가 좁아진다.

5부의 제목은 '누가 1등인가?'이다. 여기서는 수능만점자 2명, 수능 전 과목 백분위 0점으로 꼴찌한 사람, 학업 외에 자기 분야에서 각자 역할을 하는 6명 등 총 9명을 대상으로 DeSeCo^{Definition and Selection of Key Competencies}라는 실생활 해결능력 평가를 실시한 결과를 보여주고 있다. 이들 가운데 3명이 공동으로 1등을 했다. 그들은 수능 꼴찌, 창작영화제 수상자, 다양한 창작활동 중인 한국 예술 종합학교 학생이었다. 수능만점자였던 학생들은 명문대 의대와 경영학과에 재학 중이었지만 도구 활용능력과 이질적 집단 속 상호작용능력, 자율적 행동능력을 주로 살펴본 그 평가에서 거의 주목을 받지 못했다. 자신의 눈으로 세상을 보는 연습을 통해 차단당한 판단력을 연마하라.

잉어 중에 코이잉어라고 있는데 작게는 7cm에서 크게는 120cm까지 자란다. 이 코이잉어는 조그마한 수족관에 넣어두면 7cm까지 밖에 안 크고 좀 큰 수족관에 넣으면 25cm, 강물에 내다 놓으면 120cm까지 큰다는 것이다. 즉 코이잉어가 환경에 적응하면서 크기를 조절한다는 것이다.

당신도 이 코이잉어처럼 살아가야 한다. '어떤 물에서 누구와 노느냐'에 따라 당신의 그릇 크기가 달라질 것이다.

코이잉어의 적응력을 배우자.

자신의 눈으로
세상을 보는 연습

거의 하루도 빼지 말고 신문을 읽어야 한다. 학생들은 신문을 읽으라고 하면 이런 반응을 보인다.

"신문을 읽다니요? 종이 신문 자체를 안 본 지가 몇 년이 지났는데."

"한 번도 종이 신문을 본 적이 없어요."

"매일 신문을 읽으라고요? 신문 읽을 시간이 어디 있어요?"

한 신문사에서 어릴 때부터 신문 읽기를 꾸준히 한 학생들을 대상으로 대학 졸업 후 취업할 때까지 추적 조사한 연구결과를 발표했다. 결론부터 말하자면 그들은 대부분 명문대학에 진학했거나 좋은 직장에서 일하고 있다.

나는 시사 이슈 과목을 순천향대학교와 서울여자대학교에 신규 과목으로 개설했다. 전공 수업에도 시사 이슈를 중점으로 매주 과제물을 제출하게 했다. 내 수업을 듣는 학생들은 과제물을 제출하는 게 녹록치 않을 것이다. 많은 학생들이 평소에 관심을 두지 않는 뉴스들에 대해 집중적으로 파헤치고 자신의 의견을 제시해야 하기 때문이다.

내 수업 강의계획서에 적혀 있는 〈수업개요〉만 봐도 내 수업이 만만치 않다는 것을 알 수 있을 것이다.

"정치·경제·사회·문화·스포츠·국제 등 사회 각 분야의 시사 이슈들에 대해 대학생들의 관점과 일반 기성인들과의 관점에서 분석하고 그 차이를 이해하며 그 간극을 줄이고자 함. 진보와 보수, 좌파와 우파의 시각 차이 등에 대해서 언론보도를 통해 실제 사례를 분석하고자 함.

이를 위해 매주 자신이 한 가지씩 시사 이슈를 정해 그것에 대한 상황과 자신의 생각이나 주장을 A4용지 한 장에 정리해야 함. 그리고 과제물에 대해 주제발표를 하고 교수의 첨삭지도를 받아야 함."

내가 학생들에게 왜 이런 고통을 주는지에 대해서는 〈교과목 개설의 필요성〉을 보면 이해할 수 있다.

"대학생들이 사회에서 일어나는 제 현상들에 대해 자세히 인지하지 못한 채 무비판적으로 진보논리, 좌파논리에 휩쓸리는 경향이 많다. 그러한 비판의식을 바탕으로 보수논리, 우파논리에 대한 균형감각을 키우는 데 과목 개설의 목적이 있다. 동전에도 앞면과 뒷면이 있듯이 어떤 상황을 놓고 그 이면을 볼 수 있는 사고의 다양성 함양을 위해서도 이 과목의 개설이 꼭 필요함."

내 수업의 교재는 짐작하다시피 《조선일보》, 《중앙일보》, 《동아일보》, 《한겨레》, 《경향신문》 등 일간지다. 나는 학생들에게 이들 신문을 필독하라고 권한다. 《조선일보》, 《중앙일보》, 《동아일보》는 대표적인 보수 신문이고, 《한겨레》와 《경향신문》은 진보 신문이다.

사실 매일같이 바쁜 일상을 사는 사람들에게 모든 신문들을 읽으라는 것은 실현이 거의 불가능하다. 그래서 나는 이들 신문의 사설을 추려서 읽는다. 각 신문의 사설은 그날의 핫이슈를 분석하고 그에 대한 의견 또는 주장을 밝힌 글이다. 똑같은 사건을 놓고도 보수 신문과 진보 신문의 분석 내용이 전혀 상반된 경우가 많다. 각 신문사마다 내세운 경영 방침이나 주장이 다르기 때문이다.

나는 사설 위주로 시사 리스트를 만들어 학생들에게 제공한다. 학생들은 이 목록을 중심으로 예습과 복습을 하고 과제물 작성을 통해 보수와 진보 또는 좌파와 우파의 논리를 파악할 수 있다. 학생들은 수업에 적극적으로 참여하기만 해도 균형 잡힌 사고를 갖추는 훈련을 하게 된다.

또한 학생들은 진보 언론의 기사를 많이 접하기 때문에 진보 논리를 따르는 경우가 많다. 반면 부모님 세대는 보수층으로 조·중·동 기사를 주로 본다. 그러므로 젊은이와 기성 세대 간에 부딪힐 때가 많다. 따라서 이들 신문을 모두 접하게 되면 각자 어떤 생각들을 하는지 알 수 있다. 그 의견들에 대해 자신의 생각을 세우고 정리하는 것을 훈련할 수 있다.

읽기Reading와 쓰기Writing는 중·고교·대학 수업에 필수 과목으로 편성되어 있을 정도로 그 중요성이 인정된다. 읽기와 쓰기를 하면 이성을 지배하는 전두엽이 발달한다. 전두엽 피질은 학습과 관련된 집중력, 기억력, 문제 해결 능력에 중요한 역할을 하며, 의사 결정에도 영향을 끼친다. 최근의 한 연구에서는, 전두엽 피질 속에 있는 신경세포가 집중력을 조절한다는 사실을 밝혀내기도 했다. 자식이 공부를 잘하기를 바라는 부모들은 읽기와 쓰기를 강조하지만, 학생들은 좀처럼 읽으려고 하지 않는다. 책도 안 읽고, 신문도 읽지 않는다. 그 대신 텔레비전을 보고, 인터넷을 보고, 영화를 보고, 만화를 본다. 보는 것^{Watching}에 열광한다.

학생들은 쓰는 것에도 게으르다. 일기도 편지도 쓰지 않는다. 주로 글자를 친다^{Typing}. 스마트폰을 누르고, 컴퓨터 자판을 두드린다. 치는 것과 보는 것은 후두엽을 발달시킨다.

어릴 때부터 읽기와 쓰기를 멀리하고 보기와 치기를 일삼으면 이성보다는 감정을 앞세우게 된다. 감정을 지배하는 후두엽이 발달했기 때문이다. 그래서 요즘 묻지마 범죄나 말보다 주먹이 앞서는 '욱'하는 성격이 늘어나고 있는 것이다.

솔직히 시사 이슈 수업은 가르치는 나도 힘들다. 그러나 나는 수업을 통해 세상이 어떻게 돌아가는지 알려주고 싶다. 학생들은 세상을 바라보는 눈을 다르게 할 수 있다. 나는 이것을 입증할 수 있다. 학생들 입으로 그 사실을 밝혔기 때문이다. 그들은 교내 토론 배틀에서 상을 받았고, 시사 글쓰기 대회에서 입상했으며, 자신의 인생 목표를 새로 세웠다고 했다. 더불어 가족과 소통하며 일상에 많은 변화가 일어났음을 고백했다.

지금부터라도 일기를 쓰자. 사랑하고 존경하는 사람에게 손편지를 쓰자. 자신의 생각을 글로 표현하는 연습을 꾸준히 해보자. 매일 아침 손에 잡히는 대로 신문이건, 잡지이건 인터넷 시사 뉴스건 읽어보자.

수신제가하기

《대학》의 "수신제가치국평천하라"는 말은 '나 자신을 수양하고 집안을 화목하게 해야 나라를 다스릴 수 있고 더 나아가 세상을 평정할 수 있다'는 뜻이다. 하지만 우리 주변에 보면 제 몸뚱이 하나 건사하지 못하면서 나라를 다스리고 세상을 평정하겠다고 나서는 사람들이 너무나도 많다.

예전에는 대가족이 많다 보니 자연스럽게 가족 간의 예절을 통해 화목을 배울 수 있었다. 스스로 수신을 위해 애쓰지 않아도 가족 문화를 통해 충분히 가능했다. 그러나 요즘은 핵가족화되어 예절과 화목을 배우지 못하는 것은 둘째 치고 서로 얼굴조차 보기 힘든 세상이 되어버렸다. 서로 바쁘다 보니 스트레스에 노출되어 애틋한 가족애보다 이기심이 앞선다. 극심한 경쟁사회를 살면서 그나마 마음이 편한 가족에게 함부로 한다. 사랑이 넘쳐야 할 가정이 상처로 가득하다.

당신은 학교나 조직사회에서 어떤 사람인가? 예절 바르고 착한 사람이지 않은가? 학교 선배들에게, 교수 앞에서는 순한 양이지 않은가? 그러나 집에만 가면 돌변해서 툭툭 말을 내뱉지 않는가? 심지어 '개 닭 본 것처럼' 식구들을 지나쳐 자기 방으로 들어가 버리지 않는가?

나는 '제가'를 위해 밥상머리 소통을 제안한다.

"엄마 나 배고파"

"챙겨먹어"

이건 대화일뿐 소통이 아니다.

"엄마 나 배고파요"

"그래 아이구 내 새끼 학교 갔다 오느라 배고팠구나. 그래 뭘 해줄까?"

"나 엄마표 김치라면!"

"그래 알았어. 조금 기다려봐, 맛있게 끓여줄게"

이것이야말로 소통疏通이다. 소통이라는 말은 '네 마음을 내가 알겠다. 그러니 내 마음도 네가 알아 달라'라는 상호 교감작용이다. 이심전심以心傳心, 'From Heart to Heart'다.

수신이 되어도 가족이 만날 기회가 없다면 제가는 따라오지 않는다. 아버지와 어머니가, 아버지와 아들이, 어머니와 딸이 서로 마주보고 대화를 할 수 있어야 가족이라는 유대감과 문화가 생겨나지 않겠는가.

그러나 가족 간의 대화가 소통으로 이어지려면 서로 간의 공동화제와 관심사가 있어야 한다. 요즈음처럼 관심사가 다양하면 서로의 관심사를 맞추기가 어렵다. 나는 가족이 공통된 관심사로 많은 대화를 나누는 데 시사 뉴스가 탁월하다고 생각한다.

내 시사 이슈 수업을 들은 학생들은 세상에 대한 관심이 늘기도 했지만, 가족 간에 소통이 되었다며 놀라워했다. 아빠와 엄마가 아들딸들과 같이 토론하고 의견을 나누는 사이 서로의 존재를 인정하게 됐다고 했다. 그렇게 가족의 소중함, 귀중함을 깨닫게 되었다고 했다.

수신제가를 멀리서 찾을 것 없다. 아빠와 엄마, 동생과 오빠, 언니와 시사 뉴스를 보며 물어보고 대답해보자. 당신을 가장 사랑하는 가족의 의견을 듣고 그들의 생각을 알아가자. 그것이 수신의 첫걸음이요, 제가의 기본이다.

당신의 가정이 화목하고 평화로울 수 있도록 가족 간의 대화, 소통을 위해 시도하고 노력해보자. 당신도 내 수업을 들은 학생들처럼 놀라운 변화를 경험하게 될 것이다. 시사를 공부하는 것은 당신이 가족과 소통하고 세상과 이해하며 나아가 미래의 성공과 가까워지는 지름길이다.

'소금'보다 소중한 '지금'

대학교 수업은 학교 상황에 따라 15주차 수업을 하기도 16주차 수업 하기도 한다. 나는 16주차 수업을 해야 한다고 본다. 비싼 등록금을 냈는데 한 주라도 더 수업을 받아야 한다고 생각한다. 2015년 2학기 때는 예고한 대로 15주차에 종강파티를 열었다.

2005년 대학 강의를 시작한 이래 종강파티를 거른 적이 없다. 단 한 번 예외는 있었다. 순천향대학교에서 열차 강의를 했을 때다. 국내 최초로 서울역에서 출발해 신창역까지 가는 누리로 열차에서 강의를 했다. 순천향대학교가 한국철도공사 측과 협의하여 열차 1량을 통째로 임대받아 통학하는 학생들을 위한 정규과목으로 수업을 진행했다. 달리는 열차의 특성상 동영상 위주의 강의였지만, 나는 마이크를 내려놓지 않았다. 지역 언론에 달리는 열차에서 시사 이슈를 설명하고 학기말 시험까지 치르는 내 지옥 수업이 보도되기도 했다. 아무튼 열차 안에서 강의를 듣느라 고생한 학생들과 종강파티를 하고 싶었지만 여건상 그럴 수 없었다. 종강파티의 핵심인 막걸리 파티를 할 수가 없었기 때문이다. 지금도 열차 강의 수강생들은 그것을 아쉬워하고 있다.

일반강의실에서 하는 강의는 1교시부터 하는 수업이든 오후 늦게 시작하는 수업이든 구애받지 않고 포트럭 파티potluck party로 열린다. 내가 막걸리와 음료수를 준비하고 학생들은 그들이 좋아하는 것을 안주로 준비한다. 교내에서 음주금지이지만 우리는 지옥 열차를 타고 온 만큼 한 모금의 막걸리 파티를 할 자격이 충분하다고 스스로 자부한다.

종강파티에서 빼놓을 수 없는 또 하나의 이벤트는 마니또 게임이다. 각자 1만 원 내외의 선물과 마니또에게 줄 손편지를 정성스레 준비해온다. 종강파티가 시작되면 파티장 세팅으로 분주하다. 번호를 붙인 선물을 진열한다. 추첨을 통해 선물을 교환해야 하므로 강의실 상황이 허락하는 한 원형으로 마주보게 책상을 배치한다.

본격적으로 파티가 시작되면 내가 먼저 입을 연다.

"이제 목을 축일까요? 한 학기 동안 여러분 정말 고생했어요. 한잔하려면 건배사가 있어야겠죠? 내가 건배사 하나 알려줄게요. 이 세상에서 제일 귀한 게 뭐니 뭐니 해도 머니죠. 돈이 최고잖아요. '황금'. 그런데 이 '황금'보다 더 소중한 게 '소금'이에요. 세상에 '소금' 같은 사람이 되라는 성경의 말도 있듯이 '소금'은 소중합니다. 이 '소금'보다 더 소중한 게 또 있어요. 그것은 바로 '지금'입니다. 지금 이 순간이 여러분에게 얼마나 소중한가요? 지금이 지나고 나면 과거가 됩니다. 이 순간에 여러분이 최선을 다하고 의미 있게 보내고, 이 순간이 최고라는 의미에서 '지금'이 가장 소중합니다. 내가 '황금 소금' 하면 여러분은 '지금' 하고 외치면 됩니다."

나는 다같이 입을 맞출 기회도 주지 않고 곧바로 외친다.

"황금 소금!"

"지금!!!!"

마니또 게임이 시작되면 한 사람씩 추첨을 해서 해당 번호의 선물을 가져간다. 선물은 그 자리에서 개봉하고 편지가 있다면 큰 소리로 읽는다. 여학생이 뽑은 선물이 남학생이 준비한 것이면 나는 남학생을 앞으로 불러낸다. 각자 이성 친구가 있는지 물어본 후 없다고 하면, 그들의 의사를 묻고 학생들의 박수를 증인으로 캠퍼스 커플로 맺어준다. 정말로 커플이 되면 나는 그들에게 특별히 준비한 선물을 주기도 한다. 실제로 종강 파티를 통해 여러 쌍의 커플이 탄생했다. 종강 후 그들이 교내에서 손잡고 다니는 장면을 목격하기도 했다.

마니또 게임으로 선물과 편지를 교환하면서 학생들은 또 하나의 사회를 배운다. '시간이 없어서', '나는 마땅히 줄 사람이 없어서' 등 여러 가지 이유로 성의 없이 선물을 준비하는 학생이 있는가 하면, 밤새 모두가 먹을 쿠키와 행운의 편지를 써오는 학생도 있다. 어떤 학생은 자취하는 학생이 받으면 좋겠다면서 자기 집 냉장고를 싹 뒤져서 편지와 함께 각종 식재료를 선물로 가져오기도 했다. 남을 위해 배려하고 정성을 기울이며 베푸는 삶, 타인을 생각하는 삶이 부끄럽지 않고 보람되다는 사실을 간접적으로 깨닫게 되는 계기가 되는 것이다.

종강파티는 나에게도 감동의 시간이다. 몇 년 전에는 4학년 학생들에게 조별 과제에 개인 과제물까지 해야 한다며 그야말로 지옥을 경험하게 해준 적이 있다. 나는 그 학생들이 종강파티를 통해 지긋지긋한 수업에서 벗어나서 좋아할 것이라 생각했다. 더는 내 얼굴을 보지 않아서 저리도 희희낙락하는구나 하는 생각도 했다. 그런데 파티가 끝날 무렵 갑자기 반장 학생이 잠시만 강의실 밖에서 휴식을 취하고 올 것을 권했다. 그 학생의 말대로 강의실을 나갔다가 다시 돌아온 나에게 학생들은 커다란 케이크와 선물 꾸러미를 내밀었다. 당시 나는 한창 마라톤에 빠져 있었는데, 학생들은 운동할 때 입을 티셔츠와 팔에 부착하는 핸드폰 케이스 그리고 전혀 상상도 못한 60여 통의 손편지를 내게 선물했다.

그날 이후로 5년 동안 나는 2000통이 넘는 손편지를 받았다. 아직도 가끔 그 편지들을 읽어본다. 언제 꺼내 읽어보아도 감동 그 자체다. 그들 모두 다 기억이 난다.

그들은 자신의 특별함을 찾아냈을까? 특별한 그들은 어디에서 특별함을 뽐내며 살고 있을까? 그립다, 그들이. 그들 자체로 특별했던 그들이.

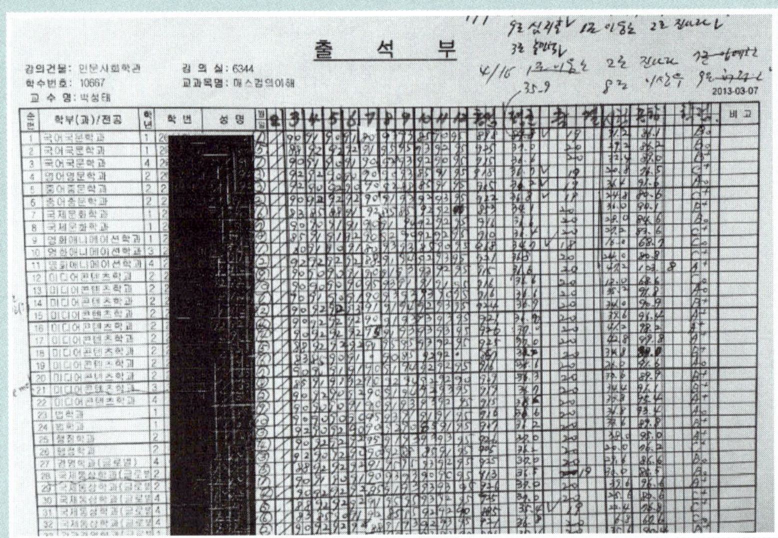

수업출석부와 성적평가표. 학생들의 출석현황과 매주 제출하는 과제, 학기말 고사 성적까지 분석되어 순위별로 학점을 매긴다. 근소한 점수 차이로 학점 등급이 나뉘어 안타까울 때가 많다. 상대평가라는 교육부의 지침과 학교 당국의 규정이 아쉽다.

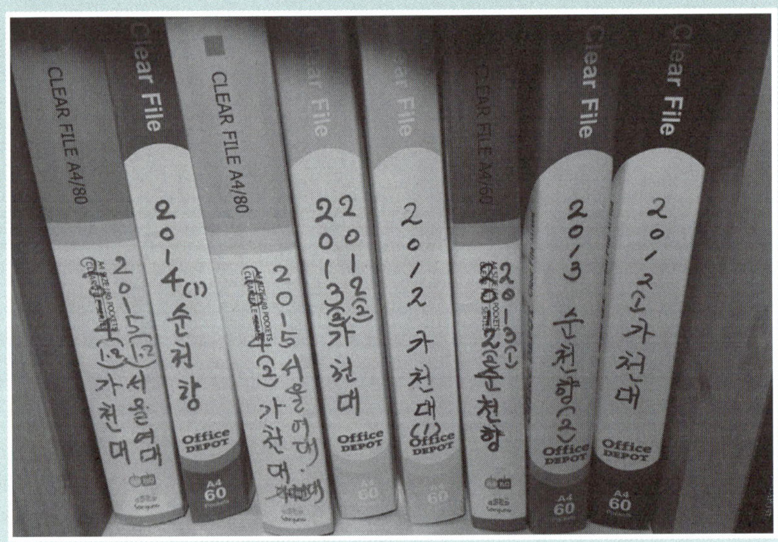

지난 2010년부터 학생들로부터 받은 편지가 2000여 통이 넘는다. 그 소중한 편지를 스크랩한 파일.

대한민국을 점령한 '수저 계급론'

최근 젊은이들 사이에 자신이 속한 계층을 가늠하는 기준으로 '수저 계급론'이 떠오르고 있다. '수저 계급론'은 부모의 재산과 사회적 지위에 따라 금수저, 은수저, 동수저, 흙수저로 나뉜다. 이 계급론의 바탕엔 '부모 도움 없이는 자립하기 어려운 데다 가난이 대물림되는 사회'라는 불안감이 깔려 있다. 개인이 노력해 버는 소득보다 물려받은 자산의 중요성이 점차 커지면서 '수저 계급론'이 현실화하고 있는 것이다.

부모의 재력이 좋아 스스로 노력하지 않아도 잘 살 수 있는 사람을 금수저, 가난한 부모 밑에서 태어난 사람을 흙수저에 비유하는 '수저 계급론'. 유행처럼 나도는 이 '수저 계급론'은 '헬조선'에서 아무리 '노오력'을 해도 계층 간 이동이 힘들다는 열패감에서 나왔다. '헬조선'이란 취직 결혼 출산 등 안정된 생활을 위한 조건들이 보장이 되지 않는 한국 사회를, '노오오력'은 아무리 힘을 써도 상위 계급으로 올라갈 수 없는 절망 사회를 비꼬는 단어이다.

현실에서는 더 이상 용이 나지 않고, '흙수저'는 아무리 노력해도 '금수저'를 따라갈 수 없게 되었다. 능력과 노력만 있으면 누구나 성공할 수 있다는 '능력주의 신화'는 한국 사회에서 힘을 잃은 지 오래다. 한국은 부유층 상위 10%의 평균 소득이 하위의 10.1배(2013년 기준)로, OECD 국가 평균 9.6배보다 높은 소득 불평등도가 심각한 국가다. 올해 노벨 경제학상을 수상한 앵거스 디턴 프린스턴대 교수는 "불평등은 사람들에게 동기부여를 하는 좋은 면도 있지만 지나치면 민주주의를 위협하는 나쁜 결과를 낳을 수 있다"고 지적했다. 각자의 재능과 노력에 따라 생기는 '결과의 불평등'은 사회 발전의 원동력이 될 수도 있다. 그러나 청년들이 아무리 노력해도 부모로부터 물려받은 '흙수저'를 벗어날 수 없다는 '원초적 불평등'은 차원이 다른 문제다.

금수저 흙수저 얘기는 새로이 등장한 것이 아니다. 예전부터 있어왔고, 다른 나라에서도 흔히 나타나는 얘기다. 그럼에도 유독 우리 사회의 젊은이들이 깊게 빠져드는 이유는 최근 들어 '계층 이동'이 점점 더 어려워지는 현실 때문이다. '수저 계급론'은 흙수저를 물려준 부모가 아니라 흙수저를 한번 물면 그것으로는 영영 밥을 퍼먹기 어려운 사회를 원망하고 있다. 이미 한국 사회에서는 '부모가 최고의 자산'이라며 '세습 자본주의'를 기정사실로 받아들이고 있다.

취업 결혼 출산을 포기하는 '3포 세대'에 집·인간관계를 더한 '5포 세대'가 등장했고, 심지어는 무한대로 포기한다는 'N포 세대'라는 용어까지 나왔다. 이 절망적인 포기론 역시 '수저 계급론'과 맞닿아 있다. 출발 직점에 다른 경쟁에서 굳어진 계층 이동의 기회를 연결할 근본적인 방법을 찾아야만 한다. 흙수저를 벗어나지 못한 이들의 취업, 결혼 등의 계속된 포기는 결국 '저출산'이라는 국가적 재앙을 불러올 것이다.

이 악순환의 고리를 끊기 위해선 정부와 소위 '금수저'들의 역할이 중요하다. 금수저와 흙수저의 관계를 기부와 세금으로 풀어나가 '흙수저'들에게 희망을 줘야한다. 기부문화를 확산시키고 상속세를 강화해 부의 대물림을 막아야 한다. 서민들 역시 유행처럼 대한민국을 점령한 '수저 계급론'에 휩쓸려 자신의 처지를 더욱 비관해서만은 안 된다. 단순히 경제적 가치로만 등급을 매기엔 소중한 것이 너무나 많다. 돈으로 환산할 수 없는 부모님의 사랑과 지원 그리고 스스로의 노력을 결코 헛되이 여겨서는 안 된다. 희망을 버린 사회는 미래가 어둡다. 서민들의 품은 작은 희망이 계층 이동이라는 결실로 맺어질 수 있도록 정부와 사회지도층은 해법을 찾기 위해 더욱 노력해야 한다.

학생들의 과제물은 제출 전 조장들에 의해서, 제출 후 교수에 의해 일일이 첨삭되는 과정을 거쳐 본인에게 다시 되돌아간다.

학생들은 매 학기 수업이 끝나면 종강파티 때 교수에게 보내는 손편지 이벤트를 진행한다.

미친 교수의 헬수업 : 뿔난 청춘이여, 멈출지라도 끌려다니지 마라

1판 1쇄 인쇄	2016년 5월 6일
1판 1쇄 발행	2016년 5월 13일

글쓴이	박성태
펴낸이	신민식

책임편집	김미란
편집	경정은 정혜지
디자인	신미경
마케팅	계소영
경영지원	이수정

펴낸곳	가디언
출판등록	2010년 4월 27일
주소	서울시 마포구 토정로 222 한국출판콘텐츠센터 319호
전화	02-332-4103(마케팅) 02-332-4104(편집실)
팩스	02-332-4111
홈페이지	www.sirubooks.com 이메일 gadian7@naver.com
인쇄·제본	(주)상지사 P&B
종이	월드페이퍼(주)

ISBN 978-89-94909-89-9 03320

책값은 뒤표지에 있습니다.
잘못된 책은 구입한 곳에서 바꿔드립니다.
이 책의 전부 또는 일부 내용을 재사용하려면 사전에 가디언의 동의를 받아야 합니다.

「이 도서의 국립중앙도서관 출판시도서목록(CIP)은 서지정보유통지원시스템 홈페이지(http://seoji.nl.go.kr)와 국가자료공동목록시스템(http://www.nl.go.kr/kolisnet)에서 이용하실 수 있습니다.(CIP제어번호: CIP2016010508)」